| 光明社科文库 |

三权分置下土地确权登记制度研究

——综合比较与创新应用

文龙娇　朱苗绘　陆玉梅◎著

光明日报出版社

图书在版编目（CIP）数据

三权分置下土地确权登记制度研究：综合比较与创新应用 / 文龙娇，朱苗绘，陆玉梅著 . -- 北京：光明日报出版社，2019.7

ISBN 978 - 7 - 5194 - 5434 - 0

Ⅰ.①三… Ⅱ.①文…②朱…③陆… Ⅲ.①农村—土地登记—土地制度—研究—中国 Ⅳ.①F321.1

中国版本图书馆 CIP 数据核字（2019）第 146071 号

三权分置下土地确权登记制度研究——综合比较与创新应用
SANQUAN FENZHI XIA TUDI QUEQUAN DENGJI ZHIDU YANJIU
——ZONGHE BIJIAO YU CHUANGXIN YINGYONG

著　者：文龙娇　朱苗绘　陆玉梅	
责任编辑：曹美娜　黄　莺	责任校对：赵鸣鸣
封面设计：中联学林	责任印制：曹　净

出版发行：光明日报出版社

地　　址：北京市西城区永安路 106 号，100050

电　　话：010 - 63131930（邮购）

传　　真：010 - 67078227，67078255

网　　址：http：//book. gmw. cn

E - mail：caomeina@ gmw. cn

法律顾问：北京德恒律师事务所龚柳方律师

印　　刷：三河市华东印刷有限公司

装　　订：三河市华东印刷有限公司

本书如有破损、缺页、装订错误，请与本社联系调换，电话：010 - 67019571

开　本：170mm×240mm			
字　数：208 千字		印　张：15.5	
版　次：2019 年 7 月第 1 版		印　次：2019 年 7 月第 1 次印刷	
书　号：ISBN 978 - 7 - 5194 - 5434 - 0			
定　价：85.00 元			

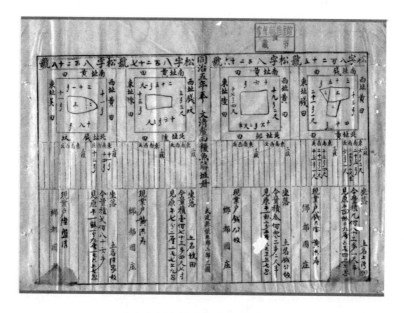

古今农村土地确权登记史料图片

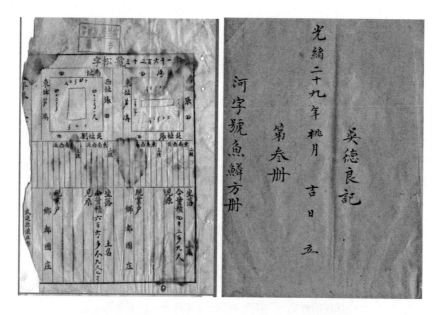

清代《清厘田粮鱼鳞丘册图》（常州市档案馆馆藏）

注：图片由常州市档案馆于2017年5月提供。

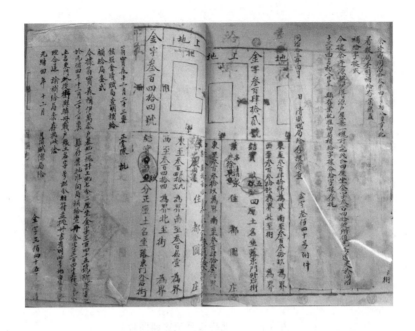

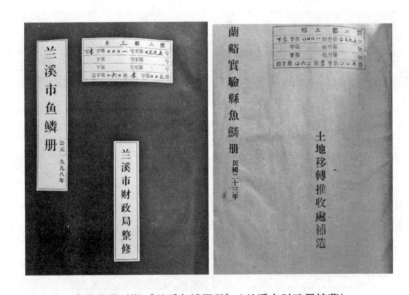

中华民国时期《兰溪鱼鳞图册》（兰溪市财政局馆藏）

注：图片由课题组 2017 年 8 月 30 日对浙江兰溪市财政局调研现场拍摄所得。

常州市武进区农村土地承包经营权确权登记调查图

注：图片由武进区湟里镇蒋堰村村委会于 2017 年 6 月提供。

序

　　"尊重历史，面对现实"，是为理清土地权属关系之道。土地确权登记制度是历朝历代政府土地管理的重要手段，其演变贯穿于几千年中国发展史。"鱼鳞册"作为中国农村土地管理的历史标本，起始于宋，沿用至今，影响深远。在古代，以"鱼鳞册"为代表的土地登记制度，建立在封建土地私有制基础之上，其主要目的是为了满足统治者征收田赋的需要，同时具有核查土地面积、明晰土地产权、促进土地流转等功能。"以史为鉴"有利于固化、细化农民的土地承包经营权，明晰土地利用分配状况，进一步深化农村土地制度改革。

　　中华人民共和国成立至今，先后进行了四次农村土地确权颁证工作。第一次是1950年前后土地改革，农民土地私有制代替了封建地主土地私有，农民土地权能完整。第二次是20世纪80年代中期，以农村宅基地为主的确权颁证，由于政策不清晰，半途而废。第三次在20世纪90年代初期，发证率较高，但土地权能尚不完整，农民土地流转权利受限。总体上，前三次农村土地确权，基本实现了对土地面积核查和土地权属确认、登记，但土地权能不完整、权属关系尚不明晰，影响土地利用效率和农民土地财产权利实现。三权分置改革背景下，我国农村土地管理面临新形势，以"还权赋能"为核心的第四次土地确权颁证工作已初步完成。

　　新一轮农村土地承包经营权确权颁证是中央关于"三农"问题的重大部署，是一项事关农村长远发展和亿万农民切身利益的艰巨而庞大的工程。2013年中央一号文件明确指出"用5年时间基本完成农村土地承包经营权确权登记颁证工作"，截至2018年6月底，全国31个省（自治区、直辖市）均开展了农地确权工作，确权面积13.9亿亩。尽管土地确权试点总体进展较为顺利，但仍普遍存在历史遗留问题，这些问题具有复杂性、广泛性、多元性，甚至十分棘手，亟需从政策层面予以高度重视和从学术方面展开系统性研究。

　　可喜的是，文龙娇博士团队围绕"土地确权登记制度"展开了古今中外综合比较与土地确权实施影响的创新应用研究，并获得了2017年江苏省社科基金项目（编号：17EYD002）资助以及原常州市农工办、现常州市农业农村局和常州市档案馆对课题的招标、资助。本书选取了极具代表性的苏、皖、浙三个地区，借助档案史料分析与深入田野调查，对清代"鱼鳞册"确权与现行土地承包经营权确权颁证工作进行系统比较分析。该研究首先基于物权行为理论与交易成本理论视角，比较研究了古今土地确权登记工作的地权分配逻辑、经济效应差异，为从土地"还权、赋能"视角提升农户土地权利保障提供理论支撑。其次，基于土地确权实践，通过对古今中外农村土地确权登记制度与运行情况进行全面比较，为优化我国农村土地确权登记制度提供经验启示。最后，结合土地经营权入股改革试点，实证分析了三权分置背景下土地确权制度在土地入股改革中的创新应用。

　　作者观察视角敏锐、研究作风务实、资料数据详实可靠，研究成果极具原创性与启发性，读者们可以通过此书系统全面了解农村土地确权登记制度的前世今生，把握农村土地确权颁证工作的实质、规律及其影响。

　　新时代城乡要素流动对农村土地产权制度提出了新的要求和挑战，三权分置是应对挑战的重大制度创新，三权分置的核心要义就是明晰赋予经营权应有的法律地位和权能。我相信，此书出版对于完善农村土地确权登记制度、深化农村土地产权制度改革、实现城乡要素融合发展和乡村振兴战略目标，具有重要理论与现实意义。同时，也期待此书能够引起相关政策制定者、研究者和实践者对农村土地确权问题的密切关注、积极参与和不断探索，共同推进土地要素市场配置效率的改进与农村土地制度改革的创新。

南京农业大学经济管理学院教授纪月清

2019 年 6 月

摘　要

农村土地确权登记是推进农地产权制度改革的首要任务，清晰的土地权属关系界定、科学的地籍管理，对于有效降低交易成本、促进土地流转、增加农民财产性收入等方面具有显著影响。尽管土地确权试点工作总体进展较为顺利，但多年以来农村人口、劳动力、行政、区划、政策与体制都有诸多变化，大量历史遗留问题欲理还乱，致使农村土地确权工作在实践中仍困难重重。如何在兼顾公平与效率的基础上，确保农村土地确权登记工作全面有效推进，已成为关系农村长远发展和亿万农民切身利益的关键问题，也是一项具有理论和实践意义的亟待解决的重要议题。

本书以古今农村土地确权登记的历史背景和制度演进的逻辑关系为主线，按照"理论基础与历史演进——横、纵向比较——应用效果——机制创新"的思路展开。著作全文共分为三个篇章、十四章内容，具体如下：第一篇章（理论篇）：农村土地确权登记制度背景与理论基础研究，本书第一至第三章。在对已有文献及研究背景梳理的基础上，构建了农村土地确权登记制度的理论分析框架，系统阐述中国农村土地确权登记制度的历史演进脉络。第二篇章（比较篇）：古今中外农村土地确权登记制度比较研究，本书第四至第七章。以苏、皖、浙三地为例，对清时期"鱼鳞册"与现行土地登记制度进行了历史纵向与地域横向比较分析，并对中美、中英、中日土地确权登记制度的共性与差异性进行了比较分析，总结了古今中外土地确权登记制度的经验与启示。第三篇章（应用篇）：农村土地股份合作制改革下土地确权的后续影响研究，本书第八至十四章。立足于农地股份制改革，从土地产权认知、交易成本及行为倾向方面，重点分析农村土地确权对土地经营权入股的影响路径，并实证检验农村土地承包经营权确权对土地经营权入股影响，从案例视角系统评价土地承包经营权确权对土地经营权入股影响的效果，据此创建农村土地确权登记制度的农民权益保障机制。

本书综合运用物权行为理论、交易成本理论与行为经济学等多学科展开交叉科学研究，研究方法包括：文献佐证、田野调查、比较分析与计量分析法等。通过理论与实地调查相结合的分析方法，形成了以下主要研究结论：1. 对清时期"鱼鳞册"与现行土地登记制度的历史纵向比较发现，不同时期土地登记存在制度背景、功能作用、确权方式方法及法律保障程度等方面的差异，同时现行土地确权登记制度对于摸清土地利用分布状况、提高土地利用效率与农民土地财产权利保护方面的成效更显著。2. 通过对苏、皖、浙三地清代"鱼鳞册"的横向比较分析发现，不同地域、大致同一历史时期"鱼鳞册"土地确权登记信息记载翔实程度及对地权分配的集中化程度影响方面存在差异。3. "三权分置"制度背景下，不同地区间土地确权中尚存在土地权属争议引致矛盾纠纷、历史遗留问题影响确权工作进程等共性问题，同时结合自身地区环境特征，形成了以"确权、赋能、搞活"为主线的武进模式、"鱼鳞册"古为今用的休宁县模式和以机制创新为支撑的兰溪模式。4. 基于农户调研数据，实证分析发现农户土地确权认知、土地产权安全性认知显著影响其土地经营权入股意愿，农村承包地确权登记能够显著促进农户采取土地经营权入股方式流转；同时，土地确权有利于降低土地经营权入股交易成本，提高农户土地财产收益与福利水平。

本研究的创新之处体现为以下三点：第一，从物权行为理论视角，剖析古今土地确权登记工作的地权分配逻辑，并将交易成本理论引入对土地确权登记制度的经济效应比较研究，为从土地"还权、赋能"视角提升农户土地权利保障提供理论支撑。第二，从历史纵向与地域横向两个维度，对古今中外农村土地确权登记制度进行系统全面的比较分析研究，认为土地承包经营权物权化，有利于在更大范围内推进农业适度规模化经营。第三，构建了"理论基础与历史演进——横、纵向比较——应用效果——机制创新"理论分析框架，综合比较分析古今中外的农村土地确权制度，实证分析了三权分置背景下土地确权制度在土地入股改革中的创新应用。

关键词：三权分置；土地确权登记；综合比较；应用创新

目　录
CONTENTS

第一篇 **01**

农村土地确权登记制度背景与理论基础研究
（基础篇）

第一章

导　论

一、研究背景与意义

（一）研究背景

1. 农村土地确权登记颁证对推动农村土地"三权分置"改革具有基础性作用

农村土地不仅是农业生产的基础要素，也是农民赖以生存的重要生产资料，农村土地问题是中国几千年发展历史中的重大问题（郭晓鸣，2011）。改革开放 40 年来，中国农村改革始终围绕着土地制度展开，其中的土地产权制度改革占据着根本性位置（陈朝兵，2016）。近年来，随着我国经济社会的快速发展尤其是城镇化的不断推进，农村土地被随意征用、低效配置和粗放经营，从而对土地产权制度改革提出迫切要求，而土地确权是改革的前提和基础。尽管 2014 年中央一号文件明确提出农村土地"三权分置"的改革导向，即"落实农村土地集体所有权""稳定农户承包权""放活土地经营权"，农村土地确权登记颁证作为基础性工作却在此之前便开始在全国各地试点。

早在 2009 年，由国家农业部负责，开始进行农村土地承包经营权确权登记颁证试点工作。作为一种探索性工作，最初以村组为单位尝试，然后进行整村推进试点；到了 2011 年以乡镇为单位，试点范围扩大为数百个县；在区县试点基础上，2014 年农业部选择四川、安徽和山东 3 个省份，进行全省范围内的农村土地承包经营权确权登记颁证试点；到了 2015 年，试点范围逐渐扩大，开始进行"整省推进"试点。根据农业部公布的数据，截至 2017 年 7 月底，全国农村承包地确权已完成80%，总面积达 10.5 亿亩；整省试点省份 28 个，安徽、山东、宁夏与四川 4 省、区已基本完成。尽管承包地的确权登记颁证试点工作总体进展较为顺利，但多年以来农村人口、劳动力、行政、区划、政策与体制都有诸多变化，大量历史遗留问题欲理还乱，导致农村承包地确权登记颁证工作的继续推进将困难重重，其他农村土地确权工作需要进一步探索有效路径。

2. 新时期农村土地确权登记制度需汲取古今中外的经验做法

新时期如何在兼顾公平与效率的基础上，确保农村土地确权登记工作全面有效推进，已成为关系中国农村农业长远发展和亿万农民切身利益的关键问题。纵观全球，世界各个国家和地区都对土地产权问题高度重视，发达国家有关土地制度及其变革的研究起步较早，在农村土地确权改革方面的经验较为丰富。因此，对比和借鉴发达国家的相关经验做法，将对中国当前农村土地特别是承包地的确权登记工作带来一些有益启示。例如，美国的土地管理相关法律体系健全，大量的美国农村土地通常由家庭农场主私人占有，土地的经营权和处置权归属于农场主。但是，对农村土地的管理、控制和收益权归属于美国政府，在给予合理补偿的基础上政府可以征收私有土地用于公共用途（滕卫双，2014）。

中国几千年的农业农村发展历史，同样留下了许多土地产权管理智慧。其中，鱼鳞册作为农村土地管理方式的历史标本，使用时间长，影响也十分深远。鱼鳞册（亦称鱼鳞图册）起始于宋，完备于明，延续至清（周积明，1982）。目前，江苏省常州市档案馆馆藏的《清厘田粮鱼鳞丘册》，是清同治五年（1866年）武进县土地管理部门编制，作为征收赋役和保护封建土地所有权的土地登记管理办法，在土地核查、土地利用与变更及土地管理与保护等方面具有重要的史学价值。对清时期以鱼鳞册为标志的土地确权登记制度，与现行的农村土地承包经营权确权登记进行横向与纵向深度比较分析，揭示不同历史时期土地登记管理办法实施的特殊的制度背景和演变路径，探寻以土地确权登记方式为基础的农户权益保护机制，可以为完善当前农村土地确权登记管理办法，促进农民土地权益保护，提供翔实全面的史料依据和经验启示。

3. 农村土地确权对经营权入股的影响机制亟待深入研究

完善农村土地产权制度、健全土地要素流转市场，是降低我国农村土地细碎化、提高土地配置效率和促进土地持续利用的关键环节（俞海等，2003）。随着改革的不断深入以及我国人地关系的逐渐松动，农村土地流转行为日益增多。早在1982年，《宪法》明令"禁止土地租赁"；但是到2003年，《农村土地承包法》提出"土地承包经营权可以依法流转"；再到2013年，中央一号文件明确提出"鼓励和支持承包土地流转集聚"，中央政府有关土地流转的管理态度从消极逐步转向积极。特别是近几年，为实现农业适度规模经营，国家加大力度支持农村土地流转，有些地方还出台了流转补贴政策。农业部的调研结果显示，我国农村土地流转率快速提升，1999年农村土地流转率仅为2.53%，到2014年农村土地流转率达到30.4%（付江涛，2016）。农村土地流转加速对于搞活农村经济、提高农业效益和增加农民财产性收入起到了重要作用。

然而，总体上看，当前农村土地流转还存在许多问题，流转形式单一、非正式流转普遍存在等问题突出。首先，债权性质的流转多、股权性质的流转少。根据党的十七届三中全会精神，农民可以采用转让、转包、互换、出租与股份合作等形式流转土地承包权。随着土地流转工作的不断深入，"农民以承包经营权入股发展农业产业化经营"在党的十八届三中全会中被明确提出。尽管有数据显示，试点省（市）土地经营权入股土地面积和农户数均增长较快（王乐君等，2018），但实践中农民采用承包经营权入股方式流转土地的积极性不高，入股模式大多选择"保底收益＋股份分红"方式，对现代意义上的入股模式缺乏信心。其次，农村土地非正式性流转还在全国各地普遍存在。刘一明等（2013）的抽样调查结果显示，只有52.7%的农户的土地流转签订了合约，很多农户倾向于选择口头形式将土地转包给亲友。对于这种非市场化的流转行为，学者们从多个视角进行解释，农民缺乏土地相关权证是一个重要原因（叶剑平等，2010）。由于正式制度建设滞后，为保障流转农村土地产权安全，农民只能选择采取非正式方式在亲友间进行土地流转（王亚楠等，2015）。当前正在推进的农村土地确权登记颁证工作旨在以法律为后盾保护土地产权，但实践中能否有效促进农户土地流转？又会怎样影响农户土地经营权入股行为？土地经营权入股是否促进了农业适度规模化经营？现有文献鲜有论述，而且缺乏试点地区的相关数据支撑。

因此，本文试图对农村土地确权登记问题进行专项研究，对农村土地确权登记制度的理论基础、演进脉络和国外经验进行全面梳理，对苏、浙、皖地区农村土地确权登记颁证的现状、困境、启示与应用效果进行比较分析。

（二）研究的目的与意义

1. 研究目的

农村土地"三权分置"改革是一项长期系统工程，我国农村土地确权登记颁证工作作为改革实施的重要基础工作，还将进一步推动发展。不仅需要农户、专业技术人员与村两委等多元主体协同参与配合，也离不开各级政府和有关部门的合力支持，更离不开理论研究对实践工作的指导。本项目拟通过史料考证与调查研究，对古今中外农村土地确权登记制度对比分析，为农村土地承包经营权确权颁证工作给出顺利推进的方案和策略，进一步研究农村土地确权对农户经营权入股行为和绩效的影响，为促进农村土地经营权入股、实现农业产业化经营提出对策建议。分项研究目标包括：

（1）基于土地产权理论、物权变动理论与交易成本理论，探明我国农村土地承包经营权确权登记中所遵循的权利逻辑；梳理我国农村土地确权登记制度的历史演进脉络。

（2）纵向揭示古今土地登记管理办法实施的不同制度背景和演变路径；横向比较分析苏、皖、浙地区清代"鱼鳞册"与现行土地确权登记管理办法以及两种制度在同一时期不同区域的实施效果差异；对国外土地确权登记制度进行对比分析，寻求经验做法加以借鉴。

（3）选择农村土地确权登记颁证工作试点地区，了解农村土地确权登记颁证工作进展情况，分析农村土地确权与土地流转之间的关系；选择典型地区，研究农村土地经营权入股促进农业产业化经营的现状、问题与原因。

（4）结合古今中外的土地确权登记制度比较以及新时期农村土地经营全入股行为与绩效研究结果，从产权制度改进、土地确权登记颁证方式优化以及土地经营权入股模式探索等方面提出对策建议，据此构建以土地确权为基础的农民权益保障机制。

2. 研究意义

尽管我国的农村土地确权登记颁证工作逐渐接近尾声，工作中的难点、瓶颈依然存在，农村土地确权登记颁证工作成果亟待开发利用，系统研究农村土地确权登记制度意义重大。研究的理论意义在于对苏、皖、浙地区清代"鱼鳞册"与现行土地确权登记制度进行的追溯与比较，丰富了我国农村土地确权登记制度研究的内容体系；有关典型地区农村土地确权对土地经营权入股行为和效果的影响研究，增加了相关研究领域的例证。研究的现实意义体现在三个方面：

（1）有利于推进农村土地确权登记颁证工作

中国一直是农业大国，土地产权制度不断演化变迁至今，"尊重历史，面对现实"是开展农村土地确权登记颁证工作的首要原则。以常州市为例，利用市档案局馆藏的《清厘田粮鱼鳞丘册》，结合清代同治时期基本史料，对历史上武进县的土地登记制度与现行土地登记制度进行的比较研究，对于常州地区的土地确权工作具有重要的指导意义。此外，《清厘田粮鱼鳞丘册》以及浙江、安徽等地的鱼鳞册作为土地底账，对于核实土地的区域权属关系，解决历史遗留的行政区划田土山林纠纷问题，仍有重要的参考价值。同时，基于两种土地管理办法的比较研究，为明晰土地产权关系，提高土地资源利用效率，加大对农民权益的保护监督力度，提供了有益的历史经验借鉴。

（2）有利于增加农民财产性收益

近年来，"增加农民财产性收入"成为各界关注的焦点。在2017年中央一号文件明确提出此议题后，党的十九大报告进一步提出要拓宽包括农民在内的居民劳动收入和财产性收入渠道。"增加农民财产性收入"也因此成为各级政府的重大施政方略之一。然而，全国范围内的农民土地收入普遍偏低，与农民拥有的土地资源数量极不相称，其根源在于农民缺乏享受土地增值收益的权益。通过研究农村土地确权登记制度，为实践中农村土地确权登记颁证工作方式方法的优化提供理论指导，使得确权登记后的农村土地产权明晰，进而促进农民获取更多的财产性收入权益。同时，分析土地经营权入股的优点和价值，鼓励农民将更多的土地经营权入股家庭农场、农民专业合作社和农业龙头企业等新型农业经营主体，可以进一步增加农民的土地财产收入。

（3）有利于加快推进农村农业现代化发展

立足国情，"三农"问题得到了党和国家的高度重视，十九大报告将实施乡村振兴战略写入党章，为新时代"三农"工作确立了方向。乡村振兴是农业农村的全面振兴，离不开土地资源的支撑。当前城市国有土地资产化有效地推动了城市经济发展（薛红霞，2012），而农村土地经营权入股新型农业经营主体实现资本化却困难重重。研究农村土地确权对农户土地经营权入股行为和效果的影响，有利于提高农户入股积极性，推动包括土地在内的各项经济要素的自由流动，促进农业规模化经营，进而提高农业效益，带动农村经济快速发展。

二、国内外相关研究进展

（一）古代鱼鳞图册研究

鱼鳞图册是中国古代官府为征收赋税而制造的土地登记图册，是我国历史上始于宋代，延续至清代乃至中华民国时期的土地管理办法。在图册中，以图形的形式反映一定范围内的地形、地貌以及重要的地物，由于绘制的图形形似鱼鳞，因此被称为"鱼鳞册"。清代至中华民国时期的鱼鳞图册在多地发现原件，最为集中的是徽州府休宁县档案局收藏的清代鱼鳞图册，多达一千余册（王国键，陈慧贞，2001）。现今，鱼鳞图册已不再具有管理土地和征收赋税的作用，但它仍然是一部具有重要历史意义的文献资料，对土地管理、赋税史、经济史和考古学等方面的研究均有一定的参考价值。从现有文献来看，有较多论文和著作涉及鱼鳞图册的研究，受到国内外学者的重视。其研究的成果主要包括：鱼鳞图册的起源和作用研究、鱼鳞图册原件的介绍与考证研究以及鱼鳞图册涉及的土地边界、土地权利与土地交易关系等经济问题研究。

1. 鱼鳞图册的起源和作用

1190年，朱熹在福建漳州划分土地界限，提及鱼鳞图，纵观历史文献，他应该是最早提出"鱼鳞图"一词的。学者们对鱼鳞图册的起源已展开研究并取得一些成果。1933年梁方仲指出鱼鳞图册流行于南宋时期，元代时也被使用；周积明（1982）、赵冈（2001）指出，鱼鳞图册起源于南宋嘉定年间；奕成显（1996）指出南宋绍兴十二年为了重新丈量农田边界，给各户主提供土地归户文书，设计出砧基薄；尚平（2007）认为南宋的砧基薄是明清鱼鳞图册的来源。由于年代久远，南宋鱼鳞图册原件没有遗存。鱼鳞图册在明太祖洪武年间被广泛推广使用，直至中华民国时期都在使用。

关于鱼鳞图册的作用，学者们对南宋和明清时期表现提出不同的看法。郑学檬（2000）认为明朝以前的鱼鳞图册，主要是为统治者收缴税费服务的；汪庆元（2014）对文献资料进行挖掘，发现南宋时期，鱼鳞图册在土地纠纷案件中起重要作用，认为鱼鳞图册可以作为确认土地所有人的权利的凭证；明清时期，鱼鳞图册记录土地丈量的结果。对于统治者而言，鱼鳞图册可以帮助其征收税费（唐文基，1991）；对于土地所有人而言，鱼鳞图册可以作为其拥有土地的权利凭证，以此来获得法律保障（樊树志，1988）。因此，韦庆远（1961）认为明清时期制作鱼鳞图册是为了统治者了解全国土地占有和使用信息。

在中国土地管理历史上，鱼鳞图册起到非常重要的作用，在一定程度上，为明确土地权利、征收税费提供了帮助，同时也为黄册的编制提供了依据（吕景琳、郭松义，1996）。赵冈（2010）认为鱼鳞图册不仅可以通过明晰土地产权避免农户之间的土地产权纠纷，而且可以为黄册的登记提供基本信息，成为征收赋税的重要依据。总之，鱼鳞图册的历史作用主要体现在土地核查、加速土地流转、明晰土地所有权和合理征收赋税（戴天放，2008）。

2. 鱼鳞图册原件的介绍与考证

鱼鳞图册在全国各地以及国外已发现多册，国内外学者对鱼鳞图册的原件进行了考证和介绍，主要针对鱼鳞图册的内容、记录位置与记录时间等展开研究，对丰富鱼鳞图册的研究具有重要意义。

江苏长洲县（历史上江苏省苏州地区的一个县）的清代鱼鳞图册馆藏于日本国立国会图书馆。日本学者们查阅地图、族谱等文献资料，对馆藏清代鱼鳞图册进行介绍和考证，分析其记录的位置、编制年代与编制过程等。

栾成显（1994）介绍和考证了一本保存不完整的鱼鳞图册。该本鱼鳞图册存放于中国社会科学院历史研究所，首尾均有残缺。经过多方面论证，栾成显认为该本鱼鳞图册应该是出自徽州府祁门县。对比研究该本鱼鳞图册和现存的明清时期鱼鳞图册，发现在图形制作和记录内容上存在差异。该本鱼鳞图册将"亩""角""步"作为登记土地面积时使用的计量单位，"亩""角""步"三个计量单位之间的换算方法是1亩＝4角，1角等于60步。而这种土地面积计量单位的换算方法是在宋朝和元朝时期广泛使用的，所以栾成显最终得出该本鱼鳞图册为南宋时期经理之物。

冯丽蓉（1994）对无锡市博物馆藏的明清鱼鳞图册进行了介绍，主要是介绍其所馆藏的四册鱼鳞图册，分别为明万历十年、清康熙三十年、清道光二十三年和宣统二年所编制的。明朝万历十年编制的鱼鳞图册称为《夫字鱼鳞图册》，1号～855号依次登记的土地信息位于无锡县天授区下扇胶山乡52都；清朝康熙三十年编制的鱼鳞图册称为《列字丘册》。1号～1716号依次登记的土地信息位于天授区上扇二都四图，图册中记载登记人、丈量人的姓名，该本鱼鳞图册是私人收藏的；清道光二十三年编制的鱼鳞图册被称为《疲字鱼鳞图》，登记的土地信息位于无锡县景下乡60都第七图；清朝宣统二年编制的鱼鳞图册被称为《遐字号鱼鳞图》，登记的土地信息位于无锡县开原乡二十二都六图。

胡英泽（2010）对山西省和陕西省的清代黄河滩地鱼鳞图册进行了介绍。山西省的黄河滩地鱼鳞册共有22册，记载区域包括河津县、荣河县和永济县。其最早的编制时间是雍正八年（1730年），最晚的编制时间是中华民国三十五年（1946年）。山西省的黄河滩地鱼鳞册的编制内容都是通过对沿河村庄的实地考察所获得的资料。陕西省共保存鱼鳞图册19册，分别保存在大荔县档案馆、韩城市档案馆。

陈洪波、龙泽江（2014）介绍了4册《登鳌清查鱼鳞册》，是贵州清水侗族所使用的鱼鳞册。该鱼鳞册记录侗族村落的土地权利归属，记录内容较为完整。"稊"是土地产量的计量单位，而"籽"则用于表示土地面积的单位。鱼鳞图册中使用大量丰富、生动、形象的词汇描述土地的形状。因此，该本鱼鳞图册显示出鲜明的地域与民族特色。与徽州鱼鳞图册相比，侗族鱼鳞册在功能上具有相似性，但在形式上，侗族鱼鳞册的功能是明确土地产权和征收赋税，形式较为简单一些。

胡铁球等（2016）介绍了婺州鱼鳞图册的情况。婺州鱼鳞图册遗存数量颇丰，约千册左右的鱼鳞图册保存在兰溪市和汤溪县。兰溪县鱼鳞图册是在清同治年间编制的，记录位于兰溪县35都的土地信息，包括土地的位置、面积、类型与质量等级与权利归属等。由于鱼鳞图册的损坏缺失，民国时期又对其进行审查，并补充编制。该鱼鳞图册现馆藏于兰溪市财政局档案室，共746册，数量仅次于安徽省休宁县档案馆所藏鱼鳞图册。汤溪县保存的鱼鳞图册记录了汤溪县73庄的土地信息，其中"庄"是记录的单位。通过查阅地方志、家谱等文献，研究汤溪县鱼鳞图册的编制时间，得出是在清同治至光绪年间编制的；中华民国时期对损坏缺失部分进行了补造；目前，汤溪县共保存416册鱼鳞图册。

3. 鱼鳞图册相关问题的研究

鱼鳞图册不断被人们发现，从对鱼鳞图册的简单介绍性研究，开始转化为对鱼鳞图册具体内容的研究。大多数学者对鱼鳞图册的内容进行统计分析，研究鱼鳞图册中所反映的土地形态、土地权利分配与土地交易情况等，进而深入研究中国农村土地制度的相关问题。

章有义（1988）以清朝康熙初年的江苏长洲鱼鳞册记载的内容为研究对象，从地权分配角度进行了分析。可以看出从清朝康熙初年至中华人民共和国成立的 1949 年，江苏长洲的地主拥有土地的比例达到 65%，地权较为集中，农民占有土地比重较少。

汪庆元（2009）对顺治七年休宁县均图鱼鳞册进行研究，从该鱼鳞图册的记载内容来看，土地权利比较分散；田地可分为底面分离的田地、佃人占有的田地、业主自有的田地以及底面合一的田地，其中底面分离的田地所占比重达 11.35%。汪庆元（2010）还对清初徽州府歙县鱼鳞图册进行了研究，发现各阶层土地占有量低，土地权利的分配较为分散；自然环境恶劣、税费负担重，导致清初土地经营的收益较低；该鱼鳞图册反映出徽商在家乡的土地占有情况，徽商所占有的土地大多数是非生产用地。汪庆元（2011）又研究了清顺治黟县清丈册，该册记录 500 余亩田、地，从记录内容可以看出佃人占有田面权达 80%，由此可以看出永佃制在这一时期的发展很好。

赵冈（2010）利用鱼鳞图册的统计数据讨论地权分配和永佃制，得出结论：田皮价格降落时，基尼系数上升，永佃制平均地权的功效减弱；田皮价格上升时，基尼系数下降，永佃制平均地权的功效加强。

除了对江南地区的鱼鳞图册的研究以外，少数学者对北方地区的鱼鳞图册也展开了研究。胡英泽（2007）对营田庄黄河滩地鱼鳞册进行了研究，并说明其独特性。营田庄黄河滩地鱼鳞册反映出当地的土地形态和土地分配方式；当地的土地形态是长条形的，东西纵向耕种滩地，并且土地的位置是不断变化和调整的；土地权利集中在村庄，按户平均分配。关于山西和陕西的黄河滩地鱼鳞册，胡英泽（2010）对其反映的土地权利状况也展开了研究。

关于鱼鳞册对现代农村土地制度改革的借鉴研究仍较少。戴天放

（2008）通过对鱼鳞册的研究，认为鱼鳞册对现代农村土地制度的改革具有重要的意义，并提出相应的措施来完善农村土地制度。一是保证农村土地承包的稳定关系；二是确定土地产权的主体；三是努力完善土地产权关系，将土地所有权与经营权适度分离，并制定相关法律规定作为支撑。

（二）农村土地承包经营权确权登记制度研究

1. 土地确权登记颁证的意义

2013 年，中央一号文件明确提出要在农村全面开展新一轮土地确权登记颁证工作。针对农村土地确权登记颁证的意义，学者们展开了激烈的讨论，多数学者认为，土地确权颁证，对现代农业的发展具有重要意义，同时能够很大程度上维护农民的权益（陈晓华，2016；韩俊等，2008；谢素艳，2016；张娟等，2005；叶剑平等，2006；晓叶，2014）。土地确权颁证工作的重大意义具体体现在：

（1）农村土地确权登记工作将进一步明确农民拥有的与土地有关的经营权、转让权与入股权利等，对农村基本经营制度的完善具有重要意义（韩俊等，2008；Saint‑Macary 等，2010；谢素艳，2016）。

（2）农村土地确权登记工作加速土地相关权利的市场交易，有土地使用权、土地承包权等，这些土地权利的交易能够增加农民的收入（谢素艳，2016；张娟等，2005；叶剑平等，2006；晓叶，2014）。

（3）农村土地确权登记工作为解决农村土地相关问题提供法律保障。土地确权工作使得土地权利更加明晰，土地面积不准确、土地边界模糊等纠纷问题也就迎刃而解（徐勇等，2010；谢俊奇，2015）。

（4）农村土地确权登记工作能够实现农村土地的可持续利用。农村土地确权工作激励农户注重对耕地的有效使用，增加投入以获得长期收益，而不是对耕地的过度开发（叶剑平等，2010；谢素艳，2016）。

（5）农村土地确权工作有助于实现规模经营。土地确权工作为土地承包经营权流转提供便利和保护，从而促进以家庭承包经营为基础的新型农业经营主体不断发展，如家庭农场、专业大户、农民专业合作社与龙头企业（严冰，2010；谢素艳，2016；刘长猛，2017）。

2. 土地确权登记颁证的困难

我国农村土地承包经营权确权工作开展以来，各种问题显现，土地确权颁证工作的难度相当大（陆剑和陈振涛，2017）。通过对现有文献梳理发现，实践中土地确权登记面临的困难主要有以下几点：

（1）村干部和农民参与确权工作的积极性普遍不高。村干部在工作中玩忽职守、不认真，严重影响土地确权工作的质量和进度；农民认为土地确权工作的意义不大，对自己拥有的土地也没有影响，不愿意配合有关人员进行土地情况的核实（刘照媛等，2015）。

（2）土地确权工作中土地权利归属的争议较大。土地确权是以二轮承包资料为基础进行的登记，很多农户无法提供二轮承包的资料，或者原始资料记载的土地面积与实际测量的面积不一致（宋庶民，2015；韩重香，2015）。

（3）土地确权工作中人力和资金缺口较大。首先，农村土地确权牵涉到土地权属关系的界定，需要熟知相关法律政策规定的人员参与工作，而目前具备较好工作能力的人员严重缺乏，对土地确权颁证工作的开展造成很大的威胁。其次，土地确权工作涉及的范围较广，所需的资金投入也是非常可观的。工作经费的不足也严重阻碍了土地确权工作，尤其是经济欠发达地区（刘照媛等，2015；韩重香，2015）。

（4）土地确权工作需要一些先进的技术做支撑。土地确权需要进行实地调查、现场测量等，对测绘技术、计算机技术和办公自动化技术的要求较高（杨明杏等，2013；胡晓涛，2014）。

3. 土地确权登记的法律与制度

农村土地确权颁证工作需要国家制定相关的法律来提供制度支持

（钱龙和洪名勇，2015），因此，学术界对土地确定登记的相关法律法规的制定展开研究。钟太洋和葛吉琦（2002）从土地确权登记的技术标准、文件规范入手，提出土地登记法的修改意见；刘伯恩（2006）对《宪法》《土地管理法》进行详细分析，找出相关法律规定在土地确权工作中存在的问题，从而有针对性地提出修改意见；宋才发（2017）认为土地确权颁证、土地确权流转方面的政策法规不健全，为完善土地确权工作的政策法规，宋才发提出一些对策和建议：一是注意修改农村土地管理的法律法规，重视土地核查和权利归属确认的规定；二是注意农村土地承包经营权流转的法律法规，做好流转登记工作。除了国家制定的法律和法规以外，"村规民约"等民间道德约束，也被认为是处理农村土地确权登记工作中利益分配问题的重要手段（胡燕，2009）。

4. 土地确权登记与土地流转的关系

农村土地确权登记与农村土地流转的关系也是目前国内外学者关注的焦点之一。学者们从多个角度、采用多种方法展开研究。

定性的理论分析研究结论较为一致，即土地确权登记与土地经营权流转之间是正向影响关系。Holden 等（2007）、钱忠好（2003）与黎霆等（2009）认为，土地确权能够明晰农民的土地权利，保障其收益，从而对土地流转起到促进作用；钟文晶和罗必良（2013）、宋辉和钟涨宝（2013）等均认为，农村土地流转、农村土地规模化经营与农村土地确权制度密切相关；张浩博和陈池波（2013）以某县作为案例进行分析，发现土地确权对土地流转和农业发展存在积极的促进效应，并介绍了该县的信托土地流转创新模式；反过来，农村土地流转的有序进行也能进一步促进土地确权颁证工作的开展（郑建华，2009）。

通过采用实证方法分析研究得出的结论却不尽相同。大部分学者认为土地确权能够促进土地经营权流转。Zhou 和 Chand（2013）、罗必良和李尚蒲（2010）从农村土地流转的交易费用入手，分析得出农村土地交易费用由于土地政策的长期变化和土地权利的管理制度不健全而显著增加，从而对农村土地流转起到消极作用；丁玲和钟涨宝（2017）对湖北省 6 个地区的土地确权和土地流转情况进行实地走访调查，运用 Probit 模型和 Logistic 模型，分析农村土地确权对土地流转中土地转出和土地转入的影响，其研究结果显示：土地确权对土地转出有显著影响，且是正向影响；土地确权对土地转入没有显著影响，即土地确权与土地转入无关。但是，也有一部分学者认为土地确权不能促进土地经营权流转。Jin 和 Deininger（2009）调查了中国近 8000 名农户，样本数据的分析发现村级的土地调整，将导致农户不愿意参与土地流转；罗必良和胡新艳（2015）实地调查广东省 600 多名农户，收集相关数据并分析后，发现相较于土地确权颁证工作之前，土地流转并没有得到高效运转，这是因为土地确权工作明晰了农民的土地产权，使得土地流转的难度增加。少部分学者则认为，土地确权和土地经营权流转之间的关系不显著。如，张兰等（2014）实地调查了江苏省 13 市的土地确权和土地流转情况，基于 2000 - 2012 年间的调查数据，研究发现农村土地流转比例与土地承包经营权证书颁发率的改变关系不显著。

5. 土地确权登记与经营权入股行为的关系

近年来，我国土地流转发展迅速，土地经营权入股成为当下土地流转的重要方式之一，对农业现代化发展和农民收入增加起到重要的作用。学者们从土地经营权入股模式（如吴越、吴义茂，2011；张理恒等，2014）、土地经营权入股存在的问题及对策（如杜志勇，2015）、法律制度的构建（如杜田华，2017）和土地经营权入股的意愿和影响因素（如武林芳、高建中，2011）等方面展开研究。

关于土地经营权入股的模式，张理恒等（2014）将其归纳为三种：农民专业合作社模式和股份合作社模式、入股有限责任公司模式。关于土地经营权入股的意愿研究，现有文献主要通过访谈和问卷的方法收集数据，研究农户将土地经营权入股的意愿。结果表明农户的个人特征（如武林芳、高建中，2011）、家庭特征（如张明忠、钱文荣，2014）、地区差异（如张笑寒，2008）以及社会保障程度（如乐章，2010）等都对农户土地经营权入股意愿产生不同程度的影响。但是从已有的研究结果来看，关于土地确权登记对经营权入股行为影响的研究结果还较为缺乏。

（三）古今中外农村土地确权登记制度比较研究

1. 古今农村土地确权登记制度比较研究

关于中国古代土地制度的研究，主要集中在中国古代土地制度变迁的梳理以及对当代土地制度改革的启示。梳理中国古代土地制度的变迁是学术界研究的重点之一，洪东海和周阿蓉（2011）分别介绍了西周时期的土地国有制度与春秋战国时期的授田制与均田制和租佃制。演化经济学、进化博弈论和制度变迁理论等方法也被应用到土地制度变迁的分析，张海丰（2014）从先秦时期的井田制开始，依次分析秦汉时期土地私有制、汉至明清的土地制度和明清的永佃制，重点分析土地制度中土地权利的变化和变化的动力机制；王琦（2010）分析古代土地所有制的变迁，发现其演变的路径是由国有制转向私有制；万淮北（2010）、郭雪剑（2016）梳理中国古代土地制度的演变历程，分析其中的变化特点：首先，土地所有权的演变过程是无主、原始村社公有、国家所有、国家所有与土地私有并存；然后，在中国古代的土地制度演变过程中，土地所有权国有与私有之间的矛盾始终存在；接着，在土地制度演变的过程中，对土地所有权的保护也渐渐变得清晰；最后，中国古代土地制度改革一直是为国家的赋税收入服务的，同时也对社会稳定起到一定作用。

关于中国土地的登记制度，赵丽丽（2012）进行了详细的梳理。秦始皇时期，土地登记采用自行申报的方法，由农民自己向管理者报告自己的土地占有面积、耕地面积、土地粮食产量以及家中人员数量，在核实申报内容后进行登记；宋朝时，土地登记方法演变为首实与方田并存的方式，即在登记土地权利状况时，官府不仅要核实申报材料，还必须进行实地调查以确定土地权利状况；元朝时，土地登记实行经理法，经理法用于清查土地，自行向官府报告田地信息，若有隐瞒或不实，将予以处罚；明清时，通过赋役黄册和鱼鳞图册制度来实行土地登记。

中国古代土地制度演变对当代土地制度改革的启示也是多数学者所关注的内容。余靖华（2003）通过对中国古代地籍管理的分析，联系当前我国地籍管理的实际情况，提出了一些看法：耕地的测算计量必须统一化，全国性的耕地普查确有必要，运用现代科技搞好地籍管理。郭雪剑（2016）借鉴中国古代几千年的历史经验，认为当前深化土地改革，应做到以下五个方面：第一，土地公有制实现"耕者有其田"的重要制度保障，应坚持土地公有制度；第二，适应开放流动的发展大势；第三，推动土地所有权与使用权的进一步分离；第四，深化土地改革必须统筹考虑国家的汲取能力问题；第五，深化土地改革的当务之急是加强基础性的登记确权和信息收集整理工作，提高土地管理的精细化、数字化水平。洪东海和周阿蓉（2011）认为发展新型农业专业合作社是目前土地改革的主要途径。万淮北（2010）指出土地制度改革不能违背历史规律，要与时俱进、稳步实施。

2. 国外农村土地确权登记制度研究

国外对土地确权登记制度的研究较早，积累了大量关于土地确权登记制度改革的丰富经验。因此，国内学者转向对国外土地确权登记制度的研究，以期获得改革中国农村土地确权的有效经验和启示。

关于日本的农村土地确权制度，汪先平（2008）梳理了当代日本农村土地制度的变迁过程，指出农村法律制度促进日本农地的高效利用，中国今后的农村土地制度改革应该进一步完善相关法律制度；王苏彬（2009）指出日本的农村土地以家庭私有制为基础，并且将日本和中国的土地制度进行了比较，对比内容涉及双方农村土地所有权的性质、稳定性和农村土地产权的配置方式、农村土地改革的路径等几个方面；高强和孔祥智（2013）介绍了日本农村土地制度改革的过程，提出中国农村土地制度发展的一些建议：一是确保农村土地所有权的稳定性，二是重视土地流转的作用，三是实现适度规模经营，四是制定保护耕地的相关管理制度。

美国的农村土地确权制度，农村土地所有权制度以私有制为主，大部分的农村土地是农场主或者农户自己所占有的（窦祥铭，2012），在美国，农场主或者农户享有明确的土地所有权，并且受法律保护。美国的农村土地制度同样也经历了复杂的演变，张换兆（2008）对美国农地管理的演进进行了回顾和梳理，从1776年至今，美国农村土地的管理经历了以下四个阶段：开发期、觉醒期、保护期、应变期。国内学者认为美国农村土地制度的实行效果较好，非常值得中国学习和借鉴。李竹转（2003）重点了分析美国家庭农场的特点，为我国农村土地产权制度、土地经营制度的改革带来一些启示：一是重视家庭经营，将其作为农村土地制度的主要载体；二是构建新型农业经营主体，促进农村农业科学发展，实现农民收入稳定增长；三是土地私有制并不是土地制度有效运行的关键因素，应该重视保障农民土地权利的稳定性以及政府对农村土地管理的支持政策。

俄罗斯的农村土地确权制度，农村土地私有产权是确权改革的方向（滕卫双，2014）。对比分析中国和俄罗斯的农村土地确权制度，贾雪池和吴次芳（2008）得出两者之间的不同点：首先，动力机制不同，俄罗斯实现土地私有化是政府主张实施的，而中国实施土地制度改革是由于农民的收入渴望导致的。其次，改革的路径不同，俄罗斯的土地制度改革没有沿用原来的国家所有制，而是建立土地私有制，并制定相关法律法规作为支撑；中国的农村土地改革一直遵守集体所有制原则；中国和俄罗斯的农村土地确权制度改革都对其农业发展起到促进作用，提高了农业生产绩效。傅晨（2006）对俄罗斯农村土地制度的研究发现，土地私有化制度并没有给俄罗斯带来较高的效益；在中国的农村土地制度改革中，我们需要了解土地私有化制度的适用边界，结合当前的宏观经济环境，做出恰当的改革，同时也需要为农村土地制度制定相关的法律法规。

（四）研究述评

古代鱼鳞图册的研究，主要关注鱼鳞图册的起源、考证，鱼鳞图册所涉及的土地形态、面积、土地占有和租佃关系等。由于现今保存的鱼鳞图册较少，且损坏缺失严重、零散，给研究工作带来困难。目前鱼鳞图册的研究成果十分有限，存在深入研究的空间。就已有的研究而言，第一，对鱼鳞图册中的数据进行统计分析，研究土地制度等问题的工作仍处于起步阶段；第二，借鉴鱼鳞图册，为现代农地制度改革提供对策建议的研究尚未展开。

目前农村土地承包经营权确权登记制度研究主要集中在土地确权工作的意义、困难和问题、相关法律与制度以及土地确权与土地流转的关系。现有研究仍存在一定的改进空间，具体表现为：第一，土地确权登记制度的研究以宏观的定性理论研究为主，需要深入微观层面，根据某地区的实际情况分析其土地确权的完成情况、存在的问题及工作成果等，从而得出可行的、有益的结论；第二，关于土地确权与土地流转关系的研究，实证分析也较少，特别需要微观数据分析做支撑；第三，关于土地确权与土地经营权入股的研究成果较少。现有文献多数是关注土地经营权入股的模式、问题、对策、法律应对以及农户选择土地经营权入股的意愿。

中国古代和当代农地制度的对比、中国和外国农地制度的对比研究得到学术界的广泛关注，涌现出较多的研究成果。但是，现有的研究成果也存在出一些不足之处：第一，已有研究成果大多关注对中国古代土地制度、国外农地制度的变迁过程的梳理及评价，进而得出中国农地制度改革的经验和启示，较少有文献明确指出中国古代和当代农地制度、中国和国外农地制度之间的共性与差异性；第二，现有文献对古今中外的农地制度研究缺乏创新，多是对可得资料的归纳总结，重复性较高。

三、研究思路与方法

（一）研究思路

本项目以古今农村土地确权登记的历史背景和制度演进的逻辑关系为主线，按照"理论基础与历史演进——横、纵向比较——应用效果——机制创新"的思路展开。本项目遵循由抽象到具体、由实际到理论再到实际的模式，全面剖析不同历史时期下两种土地确权登记管理办法的共性与个性问题。本研究的技术路线如图1-1所示。

（二）研究方法

1. 文献佐证与逻辑推演

文献分析与佐证是开展课题的基础和前提。为了进行农村土地承包经营权确权登记比较研究，本书作者搜集了国内外有关土地确权登记理论基础、制度规定、应用成效等方面的研究文献和资料，在前人研究基础上确定研究的理论视角，构建研究的基本框架。通过逻辑推演的方法，梳理明清时期土地登记管理制度的发展脉络，剖析地籍管理与土地利用变化规律，探究中国农村土地确权登记制度的演进方向和发展趋势。

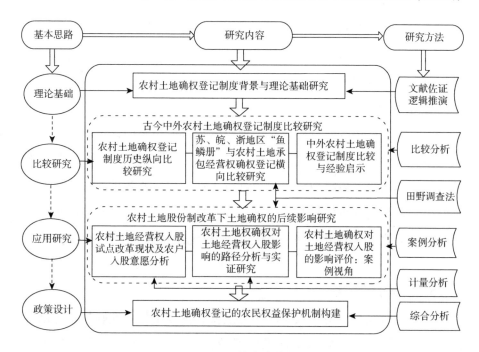

图1-1 技术路线图

2. 比较分析

比较研究方法贯穿于比较篇，通过比较研究可以发现当前农村土地确权登记存在的问题，对解决策略的提出也有借鉴意义。本研究采用纵向与横向比较方法，全面考察苏、皖、浙清代鱼鳞册与现行的农村土地承包经营权确权登记，在实施目的及原则，地权属性及制度背景，产权主体的权利、责任与利益界定，地权分配以及产生功能作用及影响等方面进行深度分析，为探索和完善当前农村土地确权登记管理办法，促进农民土地权益保护，提供翔实全面的史料依据和经验启示。

3. 田野调查与计量分析方法

采用田野调查方法获取苏、皖、浙农村土地确权、农户土地经营权意愿及土地确权对农户土地经营权入股行为影响的第一手翔实资料，为全书实证分析提供经验数据支持。在第三篇章中，文章采用了计量法方法，通过构建双变量 Probit 模型、二元 Logistic 回归模型等，分析政策环境对不同农户群体入股意愿及行为的影响，以及农村土地承包经营权确权对农户经营权入股行为的影响。

4. 案例分析法

农村土地承包经营权确权对土地经营权入股影响的评价研究中，选取了第二批全国农村改革试验村——常州市武进区跃进村作为典型案例，从成本收益、风险规避等视角进行土地确权影响效果的系统案例评价研究，在案例评价结果基础上进行经验总结，为从促进农地经营权入股发展产业化发展视角，进一步完善农村土地确权登记制度提供决策参考。

5. 综合分析方法

综合分析农村土地产权制度历史演变，古今中外土地确权登记制度比较经验，以及现行农村土地承包经营权确权的后续影响及效果评价等，本书从以史为鉴、还权赋能、纠纷调解与要素激活等视角，构建农村土地确权登记制度的农民权益保障机制，以期完善农村土地确权登记制度，使农民土地权益得到根本保障。

四、本研究可能的创新之处

本研究可能的创新之处体现在以下方面：

（一）研究视角创新

首先，从物权行为理论视角，剖析古今土地确权登记工作的地权分配逻辑。分析古今两种土地登记管理办法对地权分配的影响，为从土地"还权、赋能"视角提升农户土地权利保障提供理论支撑。其次，将交易成本理论引入对土地确权登记制度的经济效应比较研究。从土地确权工作的登记成本、信息成本和风险分担等方面，对两种确权登记管理办法的实施效果进行比较分析，为提升现行土地登记制度效率提供理论依据。

（二）学术观点创新

第一，鱼鳞册是研究清代土地登记制度与农村经济实态系统的原始档案依据，其实施的主要目的是为征收赋税提供依据，在出发点上与现行土地确权有着本质区别，反映了农村土地确权工作从清代以权力阶级利益为中心向以农民权益保障为核心的政策思路转变。第二，本研究结合古今中外土地确权登记的比较分析，得到的重要启示是：明晰界定土地权属于分配，物权化土地承包经营权属性，有利于在更大范围内推进农业适度规模化经营，这对于探索与完善中国农村土地确权登记制度具有重要学术史料价值。

（三）研究内容创新

本文构建了"理论基础与历史演进——横、纵向比较——应用效果——机制创新"理论分析框架，从历史纵向与地域横向两个维度，对古今中外农村土地确权登记制度进行系统全面的综合比较分析研究。通过纵向比较，揭示农村土地登记制度实施的特殊的制度背景和演变路径；通过横向比较，剖析农村土地登记制度在同一时期不同区域的实施效果差异，为当前土地确权工作提供历史经验依据。同时，实证分析了三权分置背景下土地确权制度在土地入股改革中的创新应用，剖析了土地确权对农户土地经营权入股的影响因素及其实施效果。

（四）研究方法创新

通过计量模型与典型案例等实证分析方法，系统分析了农村土地承包经营权确权对土地经营权入股的影响及其效果，认为农户土地确权认知、土地产权安全性认知显著影响其土地经营权入股意愿，农村承包地确权登记能够显著促进农户土地经营权入股方式流转；同时，土地确权有利于降低土地经营权入股交易成本，提高农户土地财产收益与福利水平。

第二章

农村土地确权登记制度的理论基础

土地登记制度需要通过不断革新来保护土地相关各项权利，但任何土地登记制度的改革创新都必须有系统科学的理论基础。新时期我国农村土地确权登记制度的建设，可以从马克思的土地产权理论、民法学中的物权变动理论和科斯的交易成本理论中寻找支撑和依据。

一、农村土地确权登记的内涵与必要性

（一）农村土地确权登记的内涵

在古代，土地登记就已经引起许多国家统治者的重视，四大文明古国都能找到地籍管理方面的记载。比如，古埃及每两年一次清查人口、土地信息，并以此为依据确定租税；古罗马时期的土地权属十分明确，所有关于地界的诉讼需要遵循十二铜表法，这部古老成文法中的第七表被译为"土地权利法"（樊志全，2005）。随着整个人类社会的发展与进步，地籍调查和土地登记方法不断进步：15 世纪的法兰西开始重视土地测量，并编辑成册用于平民赋税管理；19 世纪初，德国的地籍管理全面推进，各个市、县均设置地籍局，土地登记管理工作归属地籍

局；早在 1862 年，英国就设置了政府土地登记局，开始在国家层面进行土地权属的统一管理（滕卫双，2014）。

在地籍管理与土地登记实践不断发展的同时，学者们的研究成果也不断涌现，土地登记和地籍的概念与内涵成为研究的焦点之一。关于地籍的最早用词有两种说法：一是希腊文中的征税登记簿册用单词"katastikhon"来表示；二是拉丁文用单词"Caput"表示课税对象，课税对象的登记册则用单词"Capitastrum"表示（简德三，2006），土地是当时的主要课税之一。随着地籍管理制度的不断演变，世界各国的地籍管理大多从早期的税收地籍演变为产权地籍，有些国家目前的地籍往往具有多种用途。根据国际测量师协会（International Federation of Surveyors，缩写 FIG）的定义：地籍实质上是一个实时的土地信息系统，是对边界、用途等地块信息的正式记录，也内含价值与权利等土地权益。随着现代信息技术的不断发展与广泛应用，地籍包含的内容信息日趋丰富，应用范围涉及经济、社会和法律等多个方面（黄伟，2004）。

关于土地登记的定义多种多样（肖厚国，2002），有的将土地登记视为一种土地簿记制度，有的将土地登记看作土地产权转移时的一种法律行为。从字面意义上看，土地登记和地籍的含义存在差异，在实践中两者也很难明确划分，在地籍管理过程中，地籍调查和土地登记是两个重要环节，地籍调查侧重土地自然状态的信息收集，土地登记则主要关注土地的权利状态。简而言之，土地登记是关于土地各种权利的正式记录，用来回答 Who 和 How 的问题；地籍簿是用来登记土地面积、价值、用途等信息的簿册，用来解决 How Much 和 Where 的问题。一般而言，土地登记与地籍管理可以描述为图 2 - 1 所示的关系，两者通常互相补充，实践中也常常是一个互动系统，有些国家的土地登记与地籍管理由一个部门负责（黄伟，2004）。

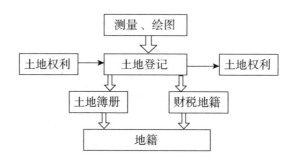

图 2 - 1 地籍管理与土地登记关系

我国的土地登记实践历史悠久，地籍是历朝历代土地管理的基础，在漫长的封建社会，土地登记制度在国家税赋管理体系中起到不可替代的作用。中华人民共和国成立后，土地登记和地籍管理工作不断优化，土地登记工作逐步向依法有序的方向发展。根据我国现行法律规定，土地所有权为公有制，归国家或集体所有。其中，归国家所有的土地所有权依法律确定、无须登记；归集体所有的土地所有权同样依法确认，但需要登记入册。简言之，国家所有权的土地只确定不登记，集体所有权的土地则需要确认登记；2007 年，中华人民共和国国土资源部颁布了《土地登记办法》，根据该办法的第二条规定，土地登记仅涉及国有土地使用权，但是对于集体土地的多项权利都需要记载于土地登记簿，并进行公示；2015 年，中华人民共和国国土资源部制定《不动产登记暂行条例实施细则》；2017 年，《土地登记办法》废止，土地登记被纳入不动产登记范围。

本书的研究对象是农村土地，属于集体所有权土地，需要通过确认登记来明确包括土地所有权在内的各种土地相关权利，简称确权登记。一般而言，每宗土地的确权都要先申请，然后通过地籍调查、权属审核等流程，在权属清晰无争议的情况下确权登记，同时给土地承包经营权归属的农户颁发土地证书。在完成全部所有土地登记程序后，土地承包经营权及其各项附属权利真正得到确认。另外，根据《物权法》《农村土地承包法》的现行规定，家庭承包经营权土地的确权是由县级主管部门负责管理，由县级以上地方人民政府颁发证书。基于此，本文将农村土地确权登记界定为：相关管理部门依据法律法规，对农村土地的边界、面积与位置等信息以及其变动情况、权利内容与隶属关系等，进行审核、确认、确定及登记颁证等一系列程序与制度安排。

（二）农村土地确权登记的必要性

纵观古今历史，历朝历代掌权者都将地籍管理作为治国之要务，尽管在不同历史时期土地确权登记工作的功能作用与目标有所差异，但无不体现着统治阶级的意志。中国共产党一直以来都特别重视土地问题，并不断改进农村的土地登记工作：1931年，中央人民委员会就在瑞金设立土地调查登记局，根据当时颁布的《土地登记法》发放土地权证，确定土地所有权的权利归属。中华人民共和国成立后，农村土地制度经历了从农民个体所有制到集体所有制再到农地"三权分置"制度的多次变迁，农地权利主体及结构由前两个阶段的"单一权利主体、一组权利"向"多元权利主体、一束权利组合"的脉络演进。当前，继续推进并不断完善农村土地承包经营权确权登记颁证工作，对稳定农村土地权属关系、提高农地资源配置效率、促进农民财产性收入增加与农村经济发展具有重要作用（陈朝兵，2016；肖卫东等，2016）。

1. 明晰农村土地权属关系的需要

2014年中央1号文件明确提出了"三权分置"改革设想，即"在坚持土地集体所有权、稳定农户承包权基础上，放活土地经营权"，旨在促进农业、农村持续健康发展。2015年中央1号文件对"三权分置"改革又提出新要求，即在保持现有土地承包关系持续稳定基础上，对农村土地的三种权利之间的关系进行界定，进一步将"三权分置"改革向纵深推进。作为"三权分置"改革的基础性工作，土地承包经营权确权登记必须客观、准确且无误。

长期以来，各地的农村土地确权登记工作还存在各种问题，特别是农村土地"二轮"承包以来，多地发现"有证无地""一地多证""无证无地"等土地承包合同与承包人不匹配现象，土地权属关系纷繁复杂混乱。在国家加大力度稳定土地承包关系、维护农民权益的时代背景下，翔实、准确的土地承包经营权证书，成为明晰农村土地各方权益人的权利、维护农村地区社会稳定的重要保障。

2. 提高农地资源配置效率的需要

20世纪70年代末，为了提高农民的生产积极性，我国实行土地产权改革，推行家庭联产承包责任制，但是也带来了土地细碎化问题，农业经营的规模效益和土地资源的利用效率因此受到影响。农村土地"三权分置"改革的及时推出，就是要发挥市场的资源配置作用，通过不断放活土地经营权，促进土地要素流转到新型农业经营主体，实现农业适度规模化经营，不断提高土地资源配置效率，进而提高农业的整体竞争力。

当前阻碍农村土地流转的一个重要原因在于农村土地产权模糊，农民的土地承包有一定的年限，承包土地的经营权不够稳定，导致农业用地的流转方和被流转方都有各种各样的担忧，从而妨碍了土地流转。通过农村土地承包经营权的确权登记，能够给拥有农村土地承包权的农户吃一颗定心丸，农民能够根据需要自由转让承包土地的经营权。与此同时，农村的土地经营权逐渐集中于新型农业经营主体，也促进了新型农业经营主体增加土地投入的积极性，减少短期经营行为，切实提高农业发展水平。

3. 保障农民财产权利的需要

"三农"问题的核心在于如何不断提高农民收入，中国40年的农村改革之路，就是一条农民增收致富之路。通过"取消农业税""实行家庭联产承包责任制""提高农产品收购价格""增加农业补贴"等政策，我国城乡居民收入正在不断缩小差距。然而，在中国经济发展进入新常态的时代背景下，农民外出务工意愿降低和农业经营日趋困难，农民增收渠道不断收窄。如何保障农民的财产权益，增加财产性收入，成为新形势下三农问题的核心内容。

对于中国广大农民而言，土地是财富之母，只有保障农民切实享有土地增值收益，才能真正意义上增加农民的财产性收入。尽管中国农村的土地所有权归集体，但农民的土地承包权是一种物权，可以被视为农民的财产权利。实践中，集体所有的土地被拆解成份，农民用来自耕、出让与出租。农村土地确权登记由各级政府负责实施，增加了公信力，农民的土地承包权利受法律保护，也就真正赋予农民土地财产权利。此外，农村土地确权还包括农民的宅基地确权，可以使得宅基地成为农民的合法财产。显然，通过农村土地确权农民获得了多项财产权利。

4. 激活农村要素市场的需要

近年来，我国城镇化的快速推进对农村农业发展影响巨大，其中一个重要影响就是生产要素不断从农村流向城市，农业适度规模化经营较难实现，乡村振兴困难重重。虽然国家不断出台政策刺激农村、农业发展，但是农业生产要素投入不足和效率不高的问题依然严重。根据新制度经济学理论，土地产权问题是农村生产要素合理配置的基础和前提。

通过农村土地确权登记发证，进一步明晰农村土地承包经营权及其附属的各种权利，强化农民的土地物权意识，才能有效激活农村土地要素市场，将土地经营权作为生产要素真正流转起来。同时，通过农村土地承包经营权的确权登记，可以将农民与土地经营分别开来，使农业经营成为一种职业，进而实现农村人才要素市场的蜕变。此外，土地承包经营权确权登记颁证还可以促进土地金融发育，带动农村土地抵押贷款的发展。

二、农村土地确权登记制度的理论基础

（一）产权理论

产权理论是经济学的一个重要理论分支，实践中的诸多经济现象均与产权有关。马克思和科斯的产权理论是两个重要流派，在分析中国土地问题时，两者的观点呈现对立状态。科斯的产权理论坚持认为，私有化才能提高经济效率，这与我国公有土地产权配置现实相悖。因此，马克思的产权理论应当成为研究中国农村土地确权登记制度的理论基础（李隆伟，2016）。

1. 马克思的土地产权理论

在马克思的众多著作中，尽管没有对"产权"给出明确定义，但他对土地产权进行过深入剖析，提出的许多观点被用于指导实践，这些系统研究成果构成了马克思土地产权理论体系。这一理论体系主要包括：地租理论、土地产权及其交易理论等（刘敏，2015）。

为了研究资本主义社会农业领域的剥削与被剥削关系，马克思深入探索了地租的来源、本质等问题。马克思认为农村土地所有权与使用权分离使得地租得以产生，即土地所有者将土地交给产业资本家经营，通过收取租金获取收益。如果土地所有者本身就是产业资本家，也就不会产生地租了，土地所有者只有收取产业资本家的地租，土地所有权的经济意义才得以实现。马克思也强调，所有类型的地租均以法律意义上的土地所有权为基础，体现了土地所有者和产业资本家对雇佣工人的共同剥削。地租与政治体制密切相关，不同的政治体制造就了不同性质的地租，地租所体现的土地生产关系截然不同。资本主义的地租是土地所有权借以实现的经济形式，体现着剥削与被剥削的关系。社会主义制度下，不存在剥削与被剥削的关系，土地的收益被用于在国家、集体和个人之间进行分配，起到调节农业生产和分配平衡的作用。

马克思的土地产权理论将土地视为一种特殊的生产要素，与土地相关的权利除了土地终极所有权外，还包括由所有权衍生出来的占有权、使用权、收益权与转让权等，土地产权实质上是一个"权利束"。其中，土地所有权是法律意义上的所有权，只有一个终极所有权主体，土地所有权具有排他性。土地占有权与土地终极所有权存在显著差异，通常与一定的社会经济关系相联系，往往不以个人意志为转移。土地使用权与土地占有权最初并未区别开来，土地使用权的独立源于土地转让的出现，是土地耕作者采取租赁等方式，从土地占有权人手中获得一种权利。一般而言，各个土地产权主体都能以自身的权能获得一定收益，统称为土地收益权。各种土地产权权能的内容和形式，会在不同的历史条件下发生着各种各样的变化。

在土地产权的"权利束"中，所有权是核心权利，是其他权利的衍生基础。在不同的土地制度下，土地所有权的归属也存在差异。在公有制下，土地所有权归共同体享有；在私有制下，由少数地主享有土地所有权。在土地所有权与经营权分离的条件下，土地的实际耕作者必须首先取得土地的占有权和（或）使用权，由此催生了土地权能交易，土地产权的相关权能被赋予了一般商品属性，具有交换价值。随着土地产权商品化程度的不断提升，土地产权配置逐渐实现市场化运作。但是，土地作为特殊商品，其价格中包含着各种复杂因素，不能简单视为普通商品进行一般市场交易。

2. 对农村土地确权登记制度改革的启示

马克思的土地产权理论研究表明，在私有制条件下，土地的地租具有剥削性质，来自实际耕作者的净剩余收益。在公有制条件下，尽管土地的优劣仍然会导致附着其上的收益不同，但土地的地租并不存在。土地的收益分配更多地体现为国家、集体和个人的利益平衡。马克思的土地产权理论不仅很好地诠释了我国土地产权制度的历史演化过程，对新时期农村土地确权登记工作实践，仍然具有重要的指导意义（朱玉龙，2017）。

（1）坚持农村土地集体所有权，不断推进"三权分置"改革。经过 40 年的改革开放，中国经济社会已经发生了巨大变化。然而，对于广大农民而言，土地始终是重要的生产资料之一。马克思的土地产权理论指出，土地所有权在土地"权利束"中具有关键作用，土地的其他权属仅仅是所有权的衍生权利，体现了社会主义公有制的优越性。因此，新时期的农村土地确权登记制度可以不断创新，但是土地公有制的特征不应更改，不允许采用任何形式进行土地私有化。在坚持农村土地集体所有权前提下，稳定农民的土地承包权，放活土地经营权和其他衍生权能，通过优化市场资源配置手段，促进经营权、处置权与收益权等土地附属权能的流转。

（2）平衡土地产权权能，促进土地资源的合理配置。随着城镇化进程的不断推进，我国农村土地矛盾的不断激化，解决思路有两个极端：一个是土地绝对公有，另一个是土地绝对私有，这两种思路均与我国的国家性质相违背。马克思的土地产权分离理论，克服了两种极端思路的弊端，将土地产权分为若干权能，赋予不同主体。在土地产权分离理论指导下，将农村土地确权登记工作落到实处，可以很好地解决了我国农村土地因所有权主体模糊而产生的各种问题，真正赋予农民应有的土地产权权能。同时，将土地经营权作为"商品"看待，以市场为手段而非行政命令，促进土地经营权流转，实现农业适度规模化经营。实现的土地收益应该合理地在国家、集体和个人之间分配，切实保障农民的收益权。

（二）交易成本理论

一般而言，市场交易会带来诸如信息搜集、交易谈判和成交签约等过程产生的各种成本。市场交易的产生旨在提升资源配置效率，但随着交易日益复杂化，交易过程中产生的各种成本反而会降低资源配置效率，从而引发制度变革（卢现祥，2003）。农村土地确权登记制度是国家合理配置土地资源、保护农民各项权利安全的法律制度，其核心价值在于降低交易成本。通过推进农村土地确权登记，促进交易安全和交易便利，可以降低土地流转过程中的交易成本，提高土地资源开发利用效率，最终实现社会财富最大化。

1. 土地确权登记中的交易成本

1937 年，科斯首次提出交易成本概念，即交易过程中发生的取得准确市场信息、谈判和经常性契约等费用，之后学者们不断丰富其内涵和外延。在诸多交易成本中"信息成本"被诺斯认定为核心成本，交易中产生的这些成本是各种制度的源泉（祝国瑞等，2004）。科斯又进一步指出，制度本身存在成本，因此不同的制度选择将导致不同的效率。当前，我国实行农村土地确权登记制度，安全和效率是其降低交易成本的核心。与农村土地确权登记制度有关的交易成本分析如下：

（1）农村土地确权登记制度本身涉及交易成本。我国的农村土地确权登记制度本身有一个演变过程，制度的改变需要成本。因为任何一项制度的建立或修改都会发生立法成本，立法后还会产生相应的实施成本和执法成本等。而且制度实施一段时间以后的革新还存在机会成本，即因为选择一种制度而废止另一种制度的代价。此外，制度本身的科学性、精确性也会对交易成本产生影响。例如，某些土地权利因为登记制度本身的科学性欠缺而无法得到保护，会导致这些土地权利变动时增加交易成本。再比如，由于土地的自然特性，农村土地确权登记的精确性往往无法保证，如果过分强调准确无误，就会无形中增加土地权利变动时的交易成本。

（2）农村土地确权登记制度可以降低部分交易成本。土地登记制度的价值在于追求高效与安全，降低交易成本可以通过增加交易安全性和便利性两个途径来实现。一方面，降低交易成本就是要降低交易风险，实现交易安全。在中国农村土地集体所有制前提下，土地交易的客体是土地经营权，交易过程中会因信息不对称而产生交易风险。农村土地确权登记制度将土地权利变动信息进行公示，能够基于政府的公信力降低交易风险，保障土地经营权交易安全。另一方面，降低交易成本就是要优化制度实施环节，实现交易便利。尽管开展土地登记工作会增加履责成本，但可以为利益相关者提供土地权利归属的明确信息，从整体上降低土地交易的信息成本，促进土地交易实现。

2. 降低交易成本视角的农村土地确权登记制度改进

实践中，土地登记制度设计可以通过交易便利和交易安全来降低交易成本。其中，交易便利的实现依赖于提高政府部门的办事效率，交易安全的实现则主要取决于土地登记制度模式的选择（王炳华，2007）。

农村土地确权登记制度基于国家信用来保护交易安全，为了提高保护的公信力，应进行土地交易强制登记、强制公示，由专门机构负责实施。如果出现土地承包经营权的实际归属与登记公示的情况不符，必须维持登记公示权利状态，以维护国家信用。给权利人造成的损失，由国家承担相应的赔偿责任，以此为交易安全提高绝对保障。对于土地交易不登记的风险，由交易双方自行承担。实践中，还应避免因分散登记而产生的风险。分散登记和由此带来的多头管理问题，不仅会增加土地登记信息管理成本和信息使用费用，还会影响土地登记效力，给利益相关者带来额外风险。基于此，农村土地确权登记制度的改进方向包括：完善相关法律法规，强化农村土地确权登记效力，建立公信力补救机制；统一农村土地确权登记机关，规范土地登记内容体系，提高土地权利信息利用效率。

农村土地确权登记制度的实施机制、过程和服务效率影响交易便利。首先，要提高土地交易的便利性，应不断优化农村土地确权登记制度的实施机制，根本在于简化办事程序。事前要进行实质性审查，通过实地调查，保证确权登记信息的准确性，提高农村土地确权登记的公信力；事中要优化确权登记程序，一般由权利人依法申请，其他相关人协助登记，在地籍调查基础上，由公证员依法进行公证；事后要开通登记信息公开查阅平台，及时更新土地确权登记信息，不断完善相应的监督机制。其次，要提高农村土地确权登记服务效率，应不断加强土地登记人员队伍建设和创新土地登记技术。土地登记人员队伍包含登记工作人员、登记代理人员和公证人员等，可以通过各类资格考试提升执业能力，并通过后续教育增加责任心、敬畏感。在现代信息技术快速发展的时代，农村土地确权登记工作还应及时应用各种先进的测绘技术、信息处理技术及其他技术规程，建立全国统一的数据资源库并实现共享，来保证农村土地确权登记工作的公开、公平与公正。

（三）物权变动理论

农村土地确权登记由权利人提出申请，相关管理部门依据法律法规，对土地相关信息及权利关系进行审核、确认、确定并登记颁证。可见，农村土地确权登记是对土地物权或土地物权变动的登记。土地是一种重要的不动产物权，物权变动理论是指导农村土地确权登记实践的基础理论之一，农村土地确权登记制度将建立在一定的物权变动立法模式基础上。

1. 物权及其分类

2007 年，《中华人民共和国物权法》公布施行，物权作为一种财产权正式进入人们的生活。《物权法》第二条规定，物权是权利人针对特定的物而享有的各种权利，并具有排他性。其中，"特定的物"不仅包括不动产、动产，还包括法律指定的其他物权客体；所谓的各种权利包含所有权、抵押权和使用权等。在大陆法系下，以所有权为核心，物权可以分解为不同层级结构体系，如图 2－2 所示。可以看出，所有权处于顶层，属于自物权，也被称为完全物权。所有权实质上是一束权利，包括占有权、使用权、收益权与处分权等。他物权是由自物权派生和分离出来的用益物权和担保物权，属于限制物权。多束权利、多个层级，构成了复杂的物权权利体系。

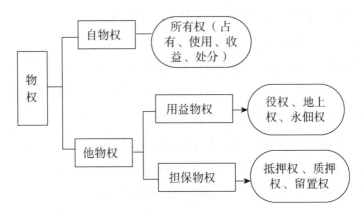

图 2－2　大陆法系物权体系

2. 物权变动及其立法模式选择

物权变动是一种市场交易表现形式，包括物权的取得、变更甚至丧失，体现了物权的动态变化。一般而言，物权变动是权利人基于法律的积极行为结果，但也有物权变动是违背权利人意思的消极变动（祝国瑞，2004）。物权的各种变动必须以相应"外部可辨认方式"进行展示，方能产生法律效力。简言之，物权变动需要采取公示方式加以确认（熊玉梅，2014）。物权变动公示需要取得人们的信赖，就产生了物权变动的公信原则，公信原则也因此成为物权交易安全的重要保障。在物权法之下，农村土地作为一种不动产，也必须采用确权登记的方式进行公示，登记信息记载于簿册之上，由政府相关机构加以管理，享有法定的公示公信力。农村土地承包经营户可以获取相应的权属证书，但此证书并不享有法定的公示公信力。

物权变动立法模式是一个国家或地区对物权变动的法律调控方式。在大陆法系下，物权变动模式包括意思主义、形式主义和折中主义三种类型。其中，意思主义以当事人的意思表示为依据而产生效力，通常难以保障物权变动的交易安全。形式主义在意思主义基础上增加物权变动意思，可以保障物权交易安全，但影响静态权利保护。折中主义则在前两者中，取长补短，也是许多国家选择的物权变动立法模式。

3. 物权变动理论视角下的农村土地权利权能分析

我国农村土地产权变动的演进历史源远流长，中华人民共和国建立后也历经多次变化。十一届三中全会以后，农村土地实行家庭联产承包责任制，实现了土地所有权与承包经营权的"两权分离"，在一定程度上缓解了土地集体所有和农户个体经营之间的冲突。同时，农村土地所有权与承包经营权"两权"分离的地权制度，通过强调土地所有权属于集体，坚持了土地公有制，同时将承包经营权通过法定方式让渡给农民，促进了土地的流通转让和有效开发利用。然而，随着土地资源日益市场化，产权的清晰和权能稳定变得日益重要，农民越来越注重对自身占有、使用土地的保护。在此条件下，对农村土地的权利进一步细分，采用物权变动理论指导农村土地产权交易行为，就显得尤为重要。

当前推行的农村土地"三权分置"改革，就是在"两权"分离的地权制度基础上，进一步将农村土地承包权与土地经营权分置。进行农村土地二次分权的原因在于，土地承包经营权将占有权和经营权合并，使得农村土地使用权具有一定的人身依附性，与现实中两者普遍分离的事实不符（李宁等，2015）。随着农业经营方式的变化，尤其是当前农业发展对农村土地金融功能的内在需求，更是对农村土地承包经营权中土地经营权的分置提出了要求，同时也对农村土地处分权从的进一步细分提出了要求（叶兴庆，2014）。农村土地确权登记依据公示原则和公信原则对土地相关权利进行确认、确定，不仅可以保护农村土地的承包经营权权能，也为土地的经营权、流转权、抵押权等物权变动效力提供保障。

三、农村土地确权登记制度的理论分析框架

本文以土地登记为研究对象，希望通过对古今中外的相关研究进行整理分析，为当前我国农村土地确权登记制度提出建设性意见。基于产权理论、物权变动理论与交易成本理论，构建"土地登记—物权行为—交易成本—土地流转"的古今土地确权登记管理办法的比较分析理论框架（图2-3），为从产权激励与土地资源配置效率优化视角，增加对农民土地权利保护，为改进与完善农村土地承包经营权确权登记颁证工作提供历史与经验依据。

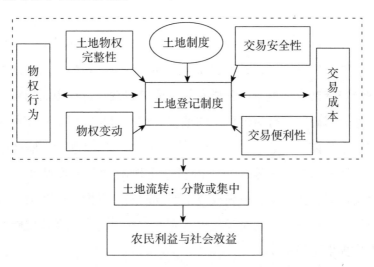

图2-3 "土地登记—物权行为—交易成本—土地流转"理论框架

不同土地制度背景下，土地确权登记管理的功能作用与目标存在显著差异，并直接影响着确权登记后的地权分配方式与路径。只有马克思的土地产权理论，才能指导我国农村土地确权登记工作。不同的土地确权登记管理办法中，其土地确权登记过程的形式、效力及其公信力，直接影响着农村土地这一重要不动产物权的权属完备性与变动的合法性，进而影响土地交易的安全性、便利性。实施农村土地确权登记制度就是希望通过保护交易安全、提供交易便利、提高交易效率来降低交易成本；农村土地确权登记制度可以减少交易后的诉讼纷争，土地确权登记实施手段、方式及实施程序简化高效可以提高交易便利性，这些均可有效节约交易成本。在既定土地制度下，土地确权登记的物权行为与交易成本共同作用于土地流转过程，使土地流转趋于集中抑或分散，最终影响整体社会效益与农民个体的土地权利实现。

四、本章小结

本章在阐述农村土地确权登记概念及其必要性的基础上，分析了马克思的土地产权理论对新时期农村土地确权登记工作的启示，依据物权变动理论与交易成本理论，分析农村土地确权登记过程中的物权行为及交易成本，明确物权行为视角下的地权分配逻辑与降低交易成本的土地登记制度改进路径。在此基础上，构建了"产权理论—土地登记—物权行为—交易成本—土地流转"的古今土地确权登记管理办法的比较分析理论框架，为本文土地确权登记制度的历史纵向比较和地域横向比较研究提供分析框架，同时为改进与完善农村土地承包经营权确权登记颁证工作提供逻辑思路。

第三章

中国农村土地确权登记制度的历史演进

一、农村土地产权制度的发展脉络

（一）农村土地制度与农村土地产权制度

1. 土地制度与农村土地制度

土地制度是反映人与地之间关系的社会经济制度，有广义和狭义之分。广义的土地制度是指在一定社会经济条件下，所有土地经济关系和法权关系制度化的总称。狭义的土地制度仅指因土地的归属和利用问题而产生的土地所有、使用和管理制度（曲福田，2011）。随着经济社会的不断发展，狭义的土地制度内涵不断深化和发展。中华人民共和国建立以来，我国政府也在完善各项狭义土地制度的同时，开始关注由新的土地问题所产生的土地流转、土地用途管制等制度。

农村土地制度是具有明确指向的土地制度。依据土地经济学的基本原理，可以将农村土地制度定义为：在农村经济运行过程中，构建以土地为核心要素的有机系统以及维持该系统基本运作所必需的制度体系和匹配的法律规范（邵彦敏，2006）。农村土地制度是农村社会生产关系的重要组成部分，不仅可以有效地调节和维护农村多种权益主体之间的内在关系，还可以将各种潜在的生产能力转化为真正的生产力。

2. 土地产权与农村土地产权制度

土地产权是指与土地财产有关的一切排他性权利的总和，通常表现为土地所有权、继承权、使用权与抵押权等一切权利（曲福田，2011）。土地产权结构与土地产权体现的社会关系的总和构成了一定时期国家的土地产权制度。土地产权制度的建立与变革，都是以引导、保护与调整土地资源的合理开发和利用为目的，旨在提高土地产出率。土地产权制度是一个国家土地制度的核心。

农村土地产权制度的发展是农村土地所有权不断演变的必然结果。伴随着人类社会的不断进步，农村土地所有权的权能逐步拓展，由所有权派生出来的土地占有权、土地使用权以及土地收益权等权利慢慢独立出来，原来的农村土地所有权就只保留了最终处分权能。于是，农村土地产权体系应运而生，与农村土地所有权分属不同权利层次。"农村土地所有权"（Ownership of Rural Land）反映的是农村土地所有制，本质上是农村土地经济关系的法律表达，侧重于农村土地的生产关系属性。"农村土地产权"（Property Rights of Rural Land）是指与土地相关的各种权利束，侧重于农村土地权利的法律保护。农村土地产权制度则是包括自然人、法人、非法人的组织甚至国家在内的各个权益主体在农村土地利用方面的地位及其社会经济关系的系统规范（杨继瑞，1998）。农村用地主体必须遵守这些规范，否则将承担相应的违规成本。

（二）中国农村土地产权制度变迁的脉络

1. 中国古代的农村土地产权制度变迁分析

（1）奴隶社会的农村土地产权制度

原始社会的土地与其他生产资料一起都属于氏族公社，由氏族全体成员共同使用。由于国家尚未出现，法律体系尚未建立，原始社会只有公有性质的土地所有制度，不涉及土地产权制度。

到了奴隶社会，国家的产生赋予了土地法律意义的产权形式（刘永湘，2003）。此时奴隶主拥有包括土地、土地上的奴隶在内的全部生产资料，奴隶在土地上耕作却没有任何权益，奴隶主仅仅提供奴隶生活资料以维持再生产。这种模式中，农村土地产权的细分权利没有必要分开，土地的所有权主体和土地的使用权主体融为一体，奴隶主拥有土地上的全部收益。奴隶社会尽管也有土地买卖，但土地的买卖形式单一，与土地相关的所有权利一次性全部转移给买主。

（2）封建社会的农村土地产权制度

西周时期极为盛行的土地"井田制"在中国土地史上作用重大，中国的土地产权自此开始发生权利裂变，也标志着中国进入了封建社会（傅筑夫，1981）。在"井田制"中，土地归周王所有，封建领主占有土地但不占有农奴，领主不再发给农奴直接生活资料，改为发给农奴少量土地和其他生产资料，使农奴实现自给自足。"井田制"很好地调动了农奴的生产积极性，提高了土地的产出效率。到春秋时期，由于农业耕种技术的进步，井田制很难适应生产力发展的需要，随着土地私有制的产生和不断发展，"井田制"随之瓦解，封建地主制经济取代了封建领主制经济。封建地主制经济一直延续到中国近代，封建地主制的土地产权制度奠定了地主制经济发展的基础。

封建地主制经济下的土地产权制度有以下特征：其一，土地私有制取代土地国有制。井田制属于土地国有制度，封建领主不能随意买卖和转让井田；但封建地主的土地为私有，可以自由买卖。其二，农民和地主之间是租佃关系。井田制下领主与农奴之间是土地授受关系，农奴因土地而对领主产生人身依附；农民与地主之间是基于契约的租赁关系，他们以法律形式来订立租约，农民从地主那里租种土地，收获时节向地主支付地租。其三，政府的税收制度产生变化。在井田制时代，封建领主对农奴的劳动进行剥削，其收入主要来自"公田"；井田制瓦解以后，在"公田"税收之外，对农民租赁的土地也按比例收税。其四，实物地租和货币地租取代了劳役地租。井田制下的领主获取的是农奴的劳役地租，封建地主则向农民收取实物地租甚至是货币地租。

2. 中国近代的农村土地产权制度变迁分析

19世纪40年代的鸦片战争结束了中国两千多年的封建历史，中国沦为西方列强的殖民地，也由此进入了近代社会。在这个畸形的近代社会中，逐渐从封建社会制度转向半殖民主义地半封建制度转变，中国近代农村土地产权关系也同步发展。因此，对于中国近代农村土地制度变迁分析将以土地所有制为基础展开。

（1）地主土地所有制及土地产权关系

地主土地所有制在中国近代的广大农村地区处于主导地位。这种土地所有制形式的产权特点是，大多数农村土地资源掌握在地主手中，没有土地的贫农只能向地主租用土地。一般而言，地主的土地规模比较大，其所拥有的土地除出租外，还会雇工经营部分土地，但地主并不参加劳动。根据1927年《中国国民党中央执行委员会农民部土地委员会报告》记载，占全国总人口14%的地主拥有全国62%的土地，而占44%的贫农仅拥有6%的土地（冯继康，2005）。地主与贫农之间的土地租佃系统关系使得土地的所有权和使用权发生分离，即地主拥有土地所有权，将大部分土地使用权转让给贫农，通过收取土地租金获取收益；贫农依附于地主的土地之上，通过劳动获得生活资料和部分剩余劳动产品。

（2）富农土地所有制及土地产权关系

中国近代富农阶层本身相对复杂，按照土地产权关系差异可以分为旧式富农和新式富农。旧式富农一般占地数量不多，因为自家劳动力无法满足耕作需要，雇佣各个劳动力耕种自家土地，富农自己也参与其中，因此旧式富农的土地所有权和经营权大多数情况下并未分离，但带有小地主的性质。新式富农是指具有资本主义性质的农场主，他们会租进地主的土地，借鉴西方种植方法加以经营。虽然新式富农普遍经营规模也不大，在整个农业经济中所占的比例较小，但对中国农村中土地产权制度变革影响深远。

（3）自耕农土地所有制及经营制度

自耕农一般是指中农，也包括少量拥有土地的贫农。中农在中国历史上由来已久，到了近代仍然存在着一定数量的中农。根据 1927 年《中国国民党中央执行委员会农民部土地委员会报告》记载，占全国总人口 24% 的中农，占有全国 13% 的土地（冯继康，2005）。中农的特点是拥有少量自有土地，他们对自有土地拥有自由支配权和独立管理权；种田积极性很高，他们的土地经营效率高于租种地主土地的贫农。但是由于经营规模狭小，中农的土地经营具有较高的脆弱性，遇到自然灾害或其他不可抗拒事件，会导致自耕农生存困难，甚至变为贫农。

（4）国家土地所有制及经营制度

中国近代农村仍然保留着一部分国有土地，荒地、山川林泽等也归属于国家。这些土地的所有权归国家，但实际上是由政府官僚负责经营管理。管理这些国有土地的地主与拥有私有土地的地主看似不同，但都属于封建社会的剥削阶级。在中国漫长的封建社会时期，由于地主私有土地不断扩张，国有土地的占比不断缩小。根据历史资料统计，1887 年（清光绪十三年）各种官地和屯田大约占全部耕地的 18.8%，到 1933 年国有土地占比则下降到 3.3%（严中平等，1955）。

3. 中华人民共和国农村土地产权制度变迁分析

中华人民共和国建立以后，中国农村土地制度发生了根本性的变化与改革，大体可分四个阶段：第一阶段是实行土地改革，第二阶段是实行农业合作化和人民公社，第三阶段是实行家庭联产承包责任制，第四阶段是实行三权分置（图 3-1）。在中华人民共和国建立以来的几十年中，农村土地制度经历了几次变革，通过总结成功经验与失败教训，可以为今后的农村土地制度改革指明方向。

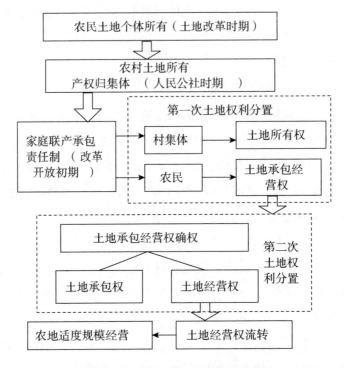

图3-1 农村土地产权制度的变迁

（1）"耕者有其田"及其实践：1949年~1953年

在中国延续多年的封建土地制度使得地主和富农过多地占有农村土地，不仅导致中国农业发展落后于西方，而且还使贫富差距拉大，引发大量农民陷入贫困状态。共产党领导的土地改革在解放战争时期就开始施行；中华人民共和国建立后，又用了三年的时间完成全国范围内的土地改革，施行土地个人所有制；农村土地改革后，土地所有权与经营权重新统一起来，土地由农村家庭经营，极大地激发了农民的积极性，快速地恢复了农业生产，为新中国的发展打下了坚实的基础。

（2）土地集体所有、集中统一经营：1953年~1978年

中华人民共和国土地改革所形成的农村土地制度，采用以一个家庭

作为生产单位的经营方式，虽然相比旧中国的土地制度有巨大进步，但以土地私有制为基础的小农自主经营方式，不利于土地资源的高效利用，阻碍了农村社会生产力的进步。因此，从 20 世纪 50 年代初期开始，党和国家通过社会主义改造，对农村土地制度进行了几次变革，形成了土地集体所有制——农村人民公社制度，土地耕作采用集中统一经营方式。在这种产权制度下，土地的分散经营方式被简单地统一为集体经营，农民只能被动参与劳动，并享有一定的收益权。

（3）家庭联产承包责任制

直到 20 世纪 70 年代末，"土地集体所有、集中统一经营"的农村土地产权制度依然实行。在创建初期，这种土地制度对农业生产的发展起到了一定的促进作用，但后来的变革超出了当时的农村生产力实际，反而对农业发展产生了阻碍作用。十一届三中全会对农村土地产权结构进行了变革，集体所有土地财产的权能结构发生分离，形成了"集体公有，农户经营"的家庭联产承包责任制。家庭联产承包责任制下，农村土地的所有权和处置权属于集体，农户拥有土地的经营权，土地产生的收益在两者之间分配。农村实行家庭联产承包责任制后，我国农业生产迅速走上快车道。

（4）"三权分置"制度

家庭联产承包责任制实现了两权分离，但并没有触及农村土地产权制度的本质。土地所有权弱化、各种权利主体模糊导致土地经营短期行为严重。同时，家庭分散经营的小规模农地效益不高问题日益突出，土地流转和适度规模经营成为农业现代化的迫切需求。新一轮农村土地"三权分置"改革，将土地承包经营权分为承包权和经营权，实行三权（所有权、承包权、经营权）分置并行，是对中国经济社会结构变革环境下人地关系和经营主体变化的回应（刘守英，2014），有利于明晰土地产权关系，更好地维护农民集体、承包农户与经营主体的权益。农村土地"三权分置"改革也有利于构建新型农业经营体系，实现多形式的适度规模经营，提高土地产出率、劳动生产率和资源利用率，推动现代农业发展。

二、农村土地确权登记制度的历史演进

（一）我国古代及清朝时期"鱼鳞册"制度

1. 我国古代的土地登记制度

我国在周朝时期就已经形成了较为系统的土地管理制度，以交易和税赋为目的的土地登记制度肇始于周朝中后期；隋唐时期，土地立契、申碟或过割制度逐步建立，土地买卖须经官府申报和登记才能生效，政府据此征收交易契税。到了唐朝时期，农村土地实行均田制，对土地的私人买卖进行严格限制，并采用"文碟制度"来保障私产买卖的合法性。到了南宋时期，中国又创设一种名为"砧基簿"的文书，用来记载土地的四至，类似现代的土地登记簿。"砧基簿"编写之前，土地所有者自行丈量，依照官定格式绘成田形图，然后由官府派人检查核对。一旦土地的田形图被放置在"砧基簿"之后，便成为土地产权的法律依据。当土地交易过程中，以"砧基簿"记录为基础。

2. 鱼鳞图册制度

明朝初期（1368 年～1644 年），为了应对宋元时期土地吞并、隐瞒人口、躲避兵役和赋税引发的混乱局面，朱元璋统一国家后，设立专门机构对人口、土地进行清查，作为治理国家的基础；洪武元年（1368 年），朱元璋派人到浙江西部进行土地清查验证，在总结宋代经界法及砧基簿经验的基础上，建立了鱼鳞图册制度。洪武二十年（1387 年），鱼鳞图册制度在全国范围内实施，到了 1397 年全国范围内的地籍调查

完成；清朝统治时期（1644 年～1911 年），农村土地的地籍管理完全采用明代的办法，有关地籍的信息资料也以明朝万历年间（1573 年～1620 年）的鱼鳞册为依据。

从中国封建社会几千年的土地登记制度沿革看，古代土地登记制度主要是为了满足历朝历代国家为征收田赋的需要，与土地税赋息息相关。明朝洪武年间，官府不仅清丈田亩，编制田赋簿册——鱼鳞图册，而且还进行人口登记，编写丁赋簿册——黄册，黄册和鱼鳞图册相互补充（肖松，2006）。进入中国近代社会，各个发展阶段的政府部门都很重视土地登记工作。1914 年北洋政府成立了经界局；1930 年国民政府公布《土地法》，明确要对土地的所有权、永佃权、地役权、抵押权等权利进行登记；1931 年，中华苏维埃政府颁布了《土地登记法》，通过颁发土地证来确定农民的土地所有权；1947 年，党中央制定了《中国土地法大纲》，第十一条规定"分配给人民的土地，由政府发给土地所有证"。

（二）中华人民共和国的土地登记制度

1. 中华人民共和国土地登记制度逐步建立

在 1947 年公布实施的《中国土地法大纲》基础上，中华人民共和国 1950 年颁布了《中华人民共和国土地改革法》，废除地主土地所有者，实行农民土地所有制。为配合土地改革，各地农村纷纷进行土地测量、划界定桩，根据法律规定分配土地，并由县级人民政府向农民发放土地所有证。然而到 20 世纪 50 年代后期，中国开始实行社会主义公有制，法律上只承认土地所有权，不存在所有权以外的其他物权。在这种情况下，土地登记制度不复存在；1978 年改革开放以后，中国逐步恢复了各项土地管理制度，但土地登记制度尚未完全建立；1982 年，农业部成立了土地管理局，开始进行土地调查、土地统计试点项目。

2. 中华人民共和国土地登记制度的实质

1987 年，国家土地管理局发布了《全国土地登记规则》（试点草案），真正意义上的中华人民共和国土地登记工作以此为依据展开，登记的重点是城市国有土地。1989 年，国家土地管理局正式颁布了《土地登记规则》，中国重新建立了土地登记制度；1998 年，国家对 1986 年颁布的《土地管理法》进行了修订，进一步明确要建立土地调查制度和土地统计制度。实际上，我国从 1988 年起就明确提出农村土地使用权和所有权分离、使用权可以流转。时至今日，农村土地市场逐步建立，土地使用权交易日趋频繁。土地登记制度在确认农村土地承包经营权和使用权的权属关系基础上，有利于保护土地交易安全。

自 2007 年"物权法"正式确立土地承包经营权作为用益权以来，其登记制度基本上以不动产物权为基础，旨在确认和保护不动产物权，以保障不动产物权交易安全。因此，新一轮土地承包经营权确权登记工作的主要任务是解决承包地事实不清、面积不准与登记簿不健全等问题，建立土地承包经营权流转各阶段的登记制度，加强对农民土地承包经营权的保护。新一轮土地承包经营权确权登记是对土地承包经营权的还权赋能，而不是推翻原有的土地承包关系重新分配，但需要在土地承包经营权确权登记之前进行重新计量。

三、农村土地确权登记制度的绩效分析：常州的例证

（一）常州的农村土地制度历史沿革

1. 中华人民共和国成立前常州的土地制度

常州是一座历史古城，周灵王二十五年（公元前 547 年），季札被

分封于此。到了秦朝，废除了分封制，推行土地私有制，一直延续到近代。根据常州的土地志记载（潘义鉴，1999），从清光绪五年（1879年）到中华民国22年（1933年），武进县的私田占全县田地总量的99.53%～99.63%。1950年土地改革前，武进县的私田仍占95.22%。土改前，市郊和武进县地主占总人口的0.64%～2.89%，却占有田地总量的11.47%～18.18%。地主收取佃农的地租为全年收成的50%～60%，每年每亩田租额为150～200斤，最高达250斤。

2. 中华人民共和国成立后常州的土地制度

1950年下半年至1951年秋，中共常州市委领导和武进县委按照党中央的土地改革精神，彻底废除了常州封建土地私有制。土地改革以后，除了属于国家的部分农村土地外，其余都归农民所有。与此同时，明确了农村土地使用的基本原则，即"不卖、不租、不移、不荒，保证增产"。

1953年～1956年，在农业合作化过程中，常州的农村土地从个体农民转移到了高级社归集体所有；1958年，随着人民公社运动轰轰烈烈地展开，农村土地又进一步归属人民公社大集体所有；1962年，农村土地的所有权变为公社、生产大队、生产队三级所有，以生产队为单位从事农业生产。1981年～1983年，常州开始实行家庭联产承包责任制，农村土地的集体所有权与承包经营权分离。2015年4月，《常州市关于推进农村土地承包经营权确权登记颁证试点工作的实施意见》明确提出，严格按照农村土地承包法律规定和政策要求，扎实开展农村土地承包经营权确认登记和认证工作，使土地承包经营权真正成为农民重要的财产权利。同时，土地的承包权与经营权进一步分离，实行"三权分置"土地改革。

（二）常州的封建主义土地所有制及其绩效

1. 私有土地及其制度绩效

与全国的其他地区相同，常州在封建社会和半殖民地半封建社会时期的农村土地制度为封建私有制，土地大多被地主占有（被称为私田），也有一部分土地属于官府（被称为官田）。根据常州的土地志记载（潘义鉴，1999），光绪五年（1879年），常州下辖的武进、阳湖两县共有田地1801967.5亩，其中私田1795352亩，占田亩总数的99.63%。中华民国22年（1833年），武进县共有田地1795385亩，其中私田1786858.92亩，占田亩总数的99.53%。1950年土地改革前，常州市郊区共有田地13499.49亩，其中私田10821.49亩，占郊区田地总量的80.16%。在11058亩可耕地中，私田9889亩，占比为89.45%。

表3-1列示了1950年常州市郊土地改革前的农村土地占有情况。可以看出，在市郊私人占有的9889亩可耕地中，地主和富农占有13.61%，平均每户占有37.39亩，人均占有7.48亩。地主平均每户占地49.3亩，人均占地10.22亩，为贫农每户、每人占有的土地的20倍左右。

表3-1　1950年常州市郊土地改革前的农村土地占有情况表

成分	土地（亩）	占比（%）	户数（户）	占比（%）	户均（亩）	人数（人）	占比（%）	人均（亩）
地主	1134	11.47	23	0.68	49.30	111	0.64	10.22
富农	212	2.14	13	0.38	16.31	70	0.40	3.03
工商业者	233	2.36	38	1.12	6.13	425	2.44	0.55
中农	3865	39.08	818	24.02	4.72	4339	24.92	0.89
贫农	3306	33.43	1375	40.38	2.40	6177	35.47	0.54
其他	1139	11.52	1138	33.42	1.00	6293	36.13	0.18
合计	9889	100	3405	100	2.90	17415	100	0.57

资料来源：潘义鉴主编. 常州市土地志［M］江苏人民出版社，1999.

表 3 - 2　1950 年武进县土地改革前的农村土地占有情况表

成分	户数（户）	占比（%）	人口数（人）	占比（%）	占有耕地（亩）	占比（%）	占有耕地（亩）	
							户均	人均
地主	5102	2.21	28940	2.89	226780.81	18.18	44.449	7.836
富农	6465	2.67	29980	2.99	75422.77	6.05	12.234	2.516
资本家	947	0.41	4811	0.48	8833.29	0.71	9.328	1.836
土地经营者	8646	3.75	32767	3.27	50641.45	4.06	5.857	1.546
中农	68270	29.60	335888	33.53	438099.42	35.13	6.417	1.304
贫农	126992	55.06	544092	54.32	387761.30	31.09	3.053	0.713
公田	4188	1.82	1320	0.13	41735.60	3.35	9.966	31.613
其他	10342	4.48	23938	2.39	17955.45	1.43	1.736	0.750
合计	230652	100	1001736	100	1247230.09	100	5.407	1.245

注：数据来源同表 3 - 1，户口数包括土地在本县、全家在外的；户口数分乡统计而后综合，而土改前各乡均有些户占有田亩跨乡，因此户口统计有部分重复。

表 3 - 2 列示了 1950 年武进县土地改革前的农村土地占有情况。可以看出，1950 年土地改革前，武进县人均占有耕地 1.245 亩，远高于常州市郊的 0.57 亩。与常州市郊相比，武进的地主占有更多的农村土地。武进县的地主占有全县耕地面积的 18.18%，常州市郊的地主占有市郊全部耕地面积的 11.47%。但从相对指标看，常州市郊地主的人均占有耕地面积为 10.22 亩，武进县的地主人均占有耕地 7.836 亩。与地主相比，贫农占有的土地资源十分有限，武进县贫农人均占有的耕地为 0.713 亩，常州市郊贫农人均占有的耕地仅为 0.54 亩，与地主人均占有的耕地面积相比，不及他们的 10%。

由于旧中国的土地私有制受政府和法律保护，地主们常常利用权势不断扩张土地，并加剧对佃农的剥削，导致贫富两极分化日益严重。以武进为例，中华民国 2 年（1913 年），武进拥有 300 亩田地的地主有 267 户，甚至有几十户地主的田地达千亩，地主收取佃农的地租为全年收成的 40%～70%。此外，地主还采用收取押租、预租、虚田实租和无偿劳役等方式进行盘剥，甚至向佃农放高利贷，致使他们陷入贫困。

2. 共有土地及其绩效

自古常州地区就十分重视教育和文化建设，各种地方团体组织如祠堂、学校、庙宇、会馆、慈善公团和义庄等占着相当比例的共有土地（被称为公田），通过公田种植收益筹措经费。例如，光绪元年（1875年）武进县学田共 497.54 亩，到了中华民国 22 年（1933 年）武进县学田达到 1924 亩，分布在各个乡，其中依东乡和龙城书院的学田亩数为 1023 亩。

武进县在土地改革前共有公田 41735.60 亩，占有公田的 4188 户，占全县总户数的 1.82%，占全县耕地总数的 3.35%，户均占有公田 9.966 亩。天宁寺在武进县的升西、从政与太平 3 个乡（今南夏墅、前黄、运村、漕桥等乡）占有田地 9500 亩。晚清商务大臣常州人盛宣怀的祖父盛隆（号拙园）曾用 3000 余亩土地建立拙园义庄。

大部分公田如学田及义庄、寺庙、祠堂等均由官僚、地主等控制，收获的租金和粮食常常被他们私吞。如天宁寺当家和尚在收获季节雇佣佚子，带上警察，组织船队下乡收租。如未收割，就命佚子下田抢收；若凑不满地主要求的金额便抢夺种子；遇到佃农反抗，便抓去坐牢。1927 年～1929 年，武进连续爆发 4 次大规模的天宁寺佃户抗租斗争。

常州郊区土地改革前期，祠堂、庙宇、寺院、教堂、学校和团体等组织占有的公田达到 1105.2 亩（见表 3-3）。根据《常州市城市郊区土地改革条例》，这些公田全部被征收，分配给无地和少地的农民。

表 3-3　1950 年常州市土地改革前郊区各乡公田情况　　　　　单位：亩

类别	城东乡	城西乡	城南乡	城北乡	西北乡	合计
会馆	26.6	74.0	14.0	——	2.0	116.6
祠堂	14.4	87.3	35.0	88.3	0.5	175.5

续表

类别	城东乡	城西乡	城南乡	城北乡	西北乡	合计
庙宇	52.0	43.2	121.0	23.6	31.0	270.8
学校	5.5	0.9	1.5	4.7	——	12.6
慈善公田	43.8	1.8	——	6.1	76.0	127.7
芦荡	2.9	0.3	26.1	159.9	200.6	389.8
其他	——	——	1.5	10.7	——	12.2
合计	145.2	207.5	199.1	243.3	310.1	1105.2

注：数据来源同表 3-1。

（二）中华人民共和国常州农村土地制度及其绩效

1. 常州土地所有制变革及其绩效

1950 年年底，常州市成立临时性组织，着手进行农村土地改革；1951 年 3 月，常州市土地改革委员会正式成立，土地改革运动也就此拉开帷幕；随后各乡成立行政委员会和农民协会，土地改革运动深入到每个村庄；到 4 月 20 日，各乡镇基本上结束了土地分配。

在常州的土地改革运动中，以中央人民政府发布的《关于划分阶级成分的决定》为依据，以"依靠贫农、雇农，团结中农，中立富农"为原则，进行农村土地分配、登记。对于贫农、雇农、中农、富农阶级的划分，根据他们的家庭职业、土地使用情况和是否存在剥削及剥削的范围和程度等因素确定，并提出处理意见。1951 年 4 月，对每家每户的成分张榜公布，同时登记地主财产。然后，在群众中逐户通过，最后由土地改革委员会批准。在对土地进行现场勘查后，区分农业人口和非农业人口，确定分配标准，然后协商分配土地。土地改革期间，常州市郊征收、没收土地 2678 亩，分配给 1416 户，占全部农户数量的 47.68%。

1951 年 9 月，常州市郊举行颁发土地证书大会。会上焚毁老田单

23400 份，发出新证 6230 份（3900 户）。其中土地所有证 4397 份，土地使用证 1833 份，从法律上承认了农民分得土地的所有权。同时明确土地使用原则：不卖、不租、不移且不荒，保证增产。

表 3−4 1950 年土改前后陈渡乡土地占有情况表

阶级	户数	土改以前		土改以后	
		占地（亩）	占全乡土地%	占地（亩）	占全乡土地%
地主	15	1121.95	13.77	53.02	0.69
富农	19	314.80	3.86	218.81	2.88
中农	559	3111.96	38.21	3245.90	41.57
贫农	960	2156.92	26.40	3495.83	43.90
其他	22	0.03	0.00036	54.54	0.72

注：数据来源同表 3−1。

与常州市郊相比，武进县的土地改革运动起步更早一些，从 1950 年 7 月开始一直延续到 1951 年秋，全县 16 个区、187 个乡和 1648 个行政村分 3 批全部结束。武进县在此次土地改革运动中，共没收、征收土地 356273.28 亩，得益者共计 107033 户、459085 人。其中，雇农 4622 户、11832 人，贫农 81122 户、351180 人，中农 18781 户、87376 人，其他 2508 户、8697 人。县政府向分得土地、房屋的农民颁发了《土地房产所有证》。武进县农村土地改革后，各阶级土地占有情况发生了根本变化（见表 3−4）。

1951 年 12 月，中共中央倡议各地农业生产开展互助合作试点。1953 年 3 月，中共中央公布了《关于农业生产互助合作的决议》，要求各地普遍建立互助组。互助组是在土地为农民个人所有、在农民自愿互利的基础上建立的一种个体经营、集体生产的组织，建立互助组是土地的农民个人所有制向土地的农民集体所有制转变的过渡阶段。1951 年，常州郊区有互助组 13 个；到 1954 年，发展到 563 个，参加互助组的农户占农户总数的 35%。

1952 年春，针对贫雇农缺乏耕牛、农具和生产资金等问题，武进雅田乡和金坛庄阳村等地开始按照"民主办社、民主管理、入社自愿、退社自由"的原则，创办初级农业生产合作社；1954 年 3 月，西北乡前袁村首先成立常州市郊第一个初级农业生产合作社——袁耀良农业生产合作社；至 1955 年冬，郊区初级社发展到 133 个，入社农户 3484户，占总农户的 27%。初级农业生产合作社采用"土地入股、统一经营"方式，农耕收益按土地和劳力比例分配。每个入社的社员除按投入的劳动量分配外，还有土地入股分红，即仍保留土地私有的权利。

1955 年秋，毛泽东发表了题为《关于农业合作化问题》的文章。中共常州市委积极响应中央号召，制定了市郊农业合作社的发展规划，采取小社并大社、初级社升高级社的方式，推动常州农业合作化发展。高级社取消土地入股分红，完全实现按劳分配原则。土地所有制由农民个人所有转变为高级社农民集体所有。

1955 年底到 1956 年初，郊区在短时间内共组成 64 个农业生产合作社，入社农户由 27% 增加到 96%；1956 年秋，全市初级合作社全部合并、升格为高级社，个体农民直接跃入高级社。然而，由于工作过急、过粗，违背自愿互利原则，脱离实际过早地取消土地分红等问题，很快就引发了"退社风"，农业生产明显倒退。1956 年至 1957 年，全市粮食总产由 80.81 万吨减少到 71.52 万吨。

2. 农村土地集体所有制及其绩效

（1）农村土地集体所有制逐步建立

1955 年底至 1957 年初，常州市郊农民在参加高级社时，交出了土地改革时发给的土地所有证和使用证，在高级社成立大会上将其当众焚毁，以示走集体道路的决心。常州市政府对郊区高级社制订的有关政策是：按照入社土地面积的 3%～5% 作为社员自留田，宅基一般不动，坟地继续保留；股金基本金是为了解决生产需要和购买社员入社的耕畜农具之用，股金一律按劳力负担；每年按照总收入的 10% 左右提取公积金和公益金，留存于高级农业生产合作社；耕牛、大型农具等生产资料折价归社，其余按需折价入社或由社员自行处理；社员的竹园、桑田与零星树木等无须入社。

1958 年 9 月初，中共中央发布了《关于在农村建立人民公社的决议》，中共常州市委积极响应号召，着手组建人民公社。人民公社实行政社合一，把基层政权机关的乡政府同农民集体所有的经济组织农业生产合作社合而为一，从而把建立不久的农村土地高级社集体所有制改成了人民公社的大集体所有制。1962 年 2 月中共中央发布《关于改变人民公社基本核算单位问题的指示》，农村土地改为公社、生产大队、生产队三级所有，确定了"三级所有、队为基础"的农业管理体制。"文化大革命"期间，农村土地制度、经济政策又遭到破坏。

1978 年，党的十一届三中全会以后，中共中央发布了《关于加快农业发展若干问题的决定》，强调农业生产要"队为基础"，尊重生产队的自主经营权，并对农民的自留地放宽了限制；1982 年，国家在宪法中明确规定了农村土地的集体所有制；1983 年 4 月，常州市郊以及武进、金坛、溧阳三县人民公社完成政社分设工作，改公社为乡，建立乡人民政府。在生产大队和生产队层面，分别建立村民委员会和村民小组。目前，农村土地的集体所有权一般属于各村民小组。

（2）集体土地所有制的制度绩效

1958 年，在农村土地公社化热潮中，全国各地又掀起了"大跃进"的高潮，在生产上搞军事化、生活上搞集体化和分配上搞平均主义，造成了对生产力的破坏。1959 年至 1961 年为三年困难时期，常州农业生产连年下降，每年的粮食年总产都只有 1958 年总产的 50% 左右，亩单产下降 20% ~ 30%。

表 3 - 5　1986 - 1990 年全市农业承包合同汇总情况表

项　目	1986 年	1987 年	1988 年	1989 年	1990 年
人口（万人） 其中劳力	—— 	—— 	—— 	238.03 135.69	235.35 131.66
承包面积（万亩）	——	——	——	259.06	269.97
粮食定购任务（万亩）	67500	67500	67500	69086.00	66712.00
棉花任务（万亩）	——	——	——	806.10	1043.66
油菜籽（万亩）	——	——	——	3246.18	2483.17
金　额（万元）	8734.92	9790.62	9904.70	10648.88	11330.09
1. 农业税	2853.73	2829.78	2960.62	3639.06	3620.42
2. 水资汇费	——	——	93.87	——	——
3. 两金一费 其中公积金 公益金 管理费	2741.47 821.80 1231.69 687.98	2766.21 807.59 1155.03 803.59	3083.08 938.53 1281.89 862.66	3477.06 1006.08 1278.77 1192.21	3954.65 1167.40 1700.52 1086.73
4. 单项上缴	508.62	379.40	361.68	340.70	485.44
5. 生产费统筹	1503.62	1706.83	1731.42	1407.19	1635.63
6. 归还定金	——	887.22	582.17	——	——
7. 归还陈欠款	1127.48	1001.04	1091.86	1784.87	1208.67
8. 代收款		220.14			425.28

注：数据来源同表 3 - 1。

　　1962 年确定"三级所有，队为基础"制后，农业生产迅速恢复和发展；1966 年，常州郊区粮食亩产为 572 公斤，达到历史最高水平；1968 年，"文化大革命"以及随之掀起的"农业学大寨"高潮，对常州的农业发展产生很大影响，农业生产处于徘徊不前的局面；1973 年地处茅山丘陵地区的溧阳县上兴公社东方红生产队率先打破了劳动"大呼隆"、评工"大寨工"和分配"大锅饭"的高度集中的农业经济管理旧模式，实行了"分组作业、五定一奖赔"的农业生产责任制，他们连续 6 年增产增收的成功经验，得到了中共镇江地委的肯定，并及时向全地区推广。从 1979 年起到 1982 年秋，全市农业联产承包责任制经历了从多种承包经营形式发展到以家庭联产承包为主。家庭联产承包责任制将农村土地集体所有权与农户的承包经营权分离，不仅体现了集体经济的优越性，还能有效调动农民的生产积极性，并促进了农业经济规模化经营和大批务农劳动力转向二、三产业。

表 3–6　1990 年农村经济收益分配表

项　目	合计	武进	金坛	溧阳	郊区	戚区
总收入（万元） 其中种植业收入 林、牧、副、渔收入 工商运建服等收入	1438812 134345 139458 1165009	820990 60786 77396 682808	173843 28921 26007 118915	227459 38182 29897 159380	184958 5443 5373 174142	31562 1013 785 29764
总费用（万元） 其中种植业费用	1097111 55078	631793 24922	123722 11557	159325 15900	157694 2272	24577 427
纯收入（万元）	341701	189197	50121	68134	27264	6985
国家税金（万元）	57949	34630	6782	6719	7642	2176
上缴有关部门（万元）	9627	7119	455	1173	462	418
集体提留（万元） 其中公积金 公益金	56116 37480 18636	35005 24362 10643	1922 889 1033	10706 6633 4073	6355 4238 2117	2128 1358 770
农民所得（万元）	218009	112443	40962	49536	12805	2263
乡村企业利润用于分配（万元）	1277	574	124	108	418	53
农民所得总额（万元）	219286	113017	41086	49644	13223	2316

项　目	合计	武进	金坛	溧阳	郊区	戚区
分配人口（万人）	241.65	116	48	63.87	12	2
农民人均收入	907	970	862	777	1150	1088

注：数据来源同表 3 - 1，1980 年以前农民人均收入不包括自营部分；1987 年开始，总收入包括乡村企业收入。

1984 年，市郊的专业户和重点户发展到 1781 户，占总户数的 6%，年纯收入在万元以上的有 5 户，3000～5000 元的有 115 户，1000～3000 元的有 1357 户。根据 1985 年底统计，武进县已出现一批种粮专业户，涌现专业村 153 个，并出现了专业乡，如洛阳"蚌珠之乡"、成章"花木之乡"等。至 1987 年，金坛县形成了单一种粮，粮、经结合，种、养结合，农、副、工综合经营等不同类型的承包经营责任制。溧阳县的种粮大户蒋才喜，全家 5 口人，2.5 个劳动力，承包了 13.7 亩耕地和 88.7 亩圩田，全年生产粮食 10.04 万斤，向国家缴售 7.52 万斤，人均贡献粮食 1.5 万斤。1993 年，金坛区西阳镇共群村在家庭联产承包责任制的基础上，开始实施土地租赁经营制，推进农村集体所有土地使用制度改革。土地租赁经营制度废止以往的"两田（口粮田、经济田）制"，将土地全部列入"商品田"，由农户承租经营，但土地所有权仍为集体所有，一定 50 年不变。实施这一制度后，农民开始走上多投入、多产出的良性循环路子，进一步促进了农业剩余劳动力转移，农村人口开始合理流动。

（三）"三权分置"下常州农村土地制度及其绩效

1."三权分置"下常州农村土地确权登记情况

从实行家庭联产承包责任制起到 1997 年，是中华人民共和国农村土地的第一轮承包期；1997 年开始的第二轮土地承包，将承包期延长 30 年不变；2002 年颁布的农村土地承包法，进一步明确规定，耕地的承包期为 30 年。常州市在落实土地二轮延包政策时，以保障农民土地承包经营权益为中心，针对不同类型采取了不同的延包方式：对于纯农比重大的地区，继续实行家庭承包经营；对于集体经济实力较强、土地已由集体统筹经营的地区，采取土地承包权与经营权两权分离的办法，由集体实行统一经营或发包；少数地区实行农村股份制改革，将农民二轮土地延包所拥有的土地承包经营权，转变为在集体经济中的财产权和收益权。

进入 21 世纪，党和国家一直重视农村土地承包工作，自 2008 年以来连续七年的中央 1 号文件都提到农村土地承包经营权确权登记颁证工作，特别是十七届三中全会和十八届三中全会的决定，明确要求搞好农村土地承包经营权确权登记颁证工作。常州市农村土地承包经营权确权登记颁证，以二轮土地延包、股份制改革和集体土地所有权登记成果为依据，梳理查明现有土地承包关系，查清承包土地的面积和空间位置，界定确权对象的条件要素，建立土地承包经营权确权登记颁证制度，向农户颁发农村土地承包经营权证。

截止 2017 年年底，全市应确权的 38 个镇（涉农街道）、498 个行政村（11118 个村民小组）和 42.1 万户应确权农户，签订承包合同 41.02 万份，合同签订率 97.42%；颁发土地承包经营权证书 39.31 万份，颁证率 93.38%；建立登记簿 40.63 万份，确认家庭承包土地面积 148.46 万亩，地块 111.2 万块。各辖市（区）基本完成县本级验收，现正抓紧确权档案信息化扫描，扫描成果正逐镇（村）挂接县（区）档案馆。

2. "三权分置"下的常州农村土地制度绩效

农业生产保持平稳。2017 年，全市完成农林牧渔业现价总产值 293.6 亿元，增长 3.4%。其中，农业产值 158.9 亿元，增长 4.2%；林业产值 2.1 亿元，增长 5%；牧业产值 35.3 亿元，下降 10.4%；渔业产值 78.3 亿元，增长 7.3%；农林牧渔服务业产值 19 亿元，增长

10.8%。全年粮食播种面积169.3万亩，比上年下降15%；粮食总产量81.4万吨，下降13.2%。其中夏粮、秋粮总产分别为19.4万吨、62万吨，分别下降22.3%和9.9%；全市粮食亩产480.7公斤，增长2.1%。其中水稻亩产619.7公斤，增长0.4%；小麦亩产307.3公斤，与上年基本持平。

现代农业加快推进。2017年，农业现代化水平保持全省领先，国家现代农业示范区建设水平位居全国地级市首位。全市新建高标准农田5.5万亩，累计面积占全市耕地面积比重达64%；新增高效设施农业1.3万亩、高效设施渔业0.9万亩，累计面积占耕地面积、水产养殖面积比重分别达到22.6%和38%。积极培育新型农业经营主体，全市家庭农场、农民合作社分别达到2704家和3401个。全市农业综合机械化水平达到87%。

表3-7 常州市农村产权交易数据统计表（按地区）

序号	地区	成交项目数	成交总金额（万元）	土地类交易总面积（亩）	其他类交易总面积（万平方米）
1	武进区	1195	54744.29	2368.83	43.95
2	溧阳市	111	5183.03	10082.54	4.13
3	金坛区	127	1155.73	2146.70	2.60
4	新北区	92	1086.51	1470.26	3.04
5	天宁区	7	109.91	0	0.27
6	钟楼区	4	85.78	0	0.92
合计		1536	62365.26	16068.30	54.92

注：数据来源于常州市农委统计数据，统计时间：2017年1月1日~2017年12月31日。

有效促进了产权交易。农村产权市场交易日益活跃，交易规模、品种不断拓展。截至年底，全市通过省平台发布交易信息1661条，成交项目1536宗，成交总金额6.24亿元；发放土地承包经营权抵押贷款农村5笔，金额200万元；全市累计44个镇（街道）建成农村产权交易站，实现市场体系建设全覆盖，"非零交易量"镇（街道）达100%。武进区委农工办、武进区湖塘镇农村产权交易中心分别被省委农工办、省综改办授予"江苏省农村产权交易市场建设先进集体"称号，其中湖塘镇农村产权交易服务中心列全省镇级综合排名第二位。

四、本章小结

　　本章在界定农村土地制度与农村土地产权制度基础上，梳理了中国农村的土地产权制度演进脉络；然后对土地登记制度的发展历史进行分析，重点介绍鱼鳞册的起源与发展；最后，以常州为例，详细地分析了近现代土地制度的若干改革对于经济与历史的重要影响。

第二篇 **02**

古今中外农村土地确权登记制度比较研究

（比较篇）

第四章

农村土地确权登记制度历史纵向比较研究

一、清代"鱼鳞册"与现行土地登记制度背景比较

（一）清代"鱼鳞册"制度背景

1. 清代土地所有制

从中国古代到中华民国时期，基本是以土地私有制为主，虽存在土地公有的情况，但土地公有制尚未形成。清朝推翻明朝统治后，仍然按照明朝万历年间的规定，实行土地管理、征收赋税。

清代将土地划分成不同的类型，总体上分为官田和民田。官田包括庄田、屯田与营田；按照田地的质量，可以将民田分为上等、中等和下等，按照田地的耕种情况，可以将民田分为荒地、荒田、熟地、小地、土地、备荒地和白地。

2. 清代土地登记制度

鱼鳞册始于南宋时期，统治阶级主张编制鱼鳞册进行土地登记。所有土地均在鱼鳞册中登记，并且确定相应的土地编号。当进行土地产权交易时，应先审查交易土地信息是否与鱼鳞册中所登记记录的一致，然

后登记新的土地产权人的姓名。只有经过这一程序进行的土地交易才受法律保护。

　　鱼鳞册的地籍登记是为了确定土地所有权，所以需要登记土地所有权人的姓名以及土地位置、面积等信息；若土地没有产权人则不需要登记。规定已登记的土地应按质量详细分类，但流传下来的鱼鳞册显示，大多数并未依实际质量详细分类，而是简单地分为田、地、山、荡（又做塘）四大类。户籍登记如黄册、实征册与编审册等，虽然目的在决定各户之赋役丁粮数额，但其田产分类也是与鱼鳞册一致的。换言之，田地山荡大体是明清两朝土地登记的标准分类格式。

　　3. 清代土地交易制度

　　清初期，社会经济发展迅速，农村土地产权交易也呈现出繁荣的局面。农民不再以务农为主，收入来源趋于多样化。因此，土地交易变得越来越频繁，且交易方式丰富多样。根据土地产权的转移程度，可以将土地产权交易分为借贷性的、非财产性的、绝卖与活卖。

　　借贷性的土地产权交易，指将土地所有权进行典当、抵押等，以获得一定的资金需求。这种土地产权交易方式是不发生土地所有权转移的。

　　非财产性的土地产权交易，一般是指转移土地经营权。地主拥有的土地产权可以分为土地所有权和土地经营权。地主通过收取租金将土地经营权转移给佃农。当佃农向地主退还土地时，地主需将收取的租金全部退回，这表明地主收取的租金实质上是押金。因此，这种土地产权交易方式是非财产性的，且仅有土地经营权发生转移，土地所有权没有发生转移。

　　绝卖、活卖土地产权。绝卖指一次性付款获得土地的所有权；活卖指土地产权卖出后，未来有权利通过购买收回土地产权。土地是农民和地主用来从事生产劳动的基础，具有非常重要的价值。因此，一般地主和农民不会轻易放弃土地，都希望日后将其赎回。活卖土地的价格普遍较低。由于活卖土地不符合法律上土地产权交易的程序，清朝土地被活卖后，卖方需要交付租金用以承租土地。土地绝卖、活卖属于整体产权的交易，因为这两种交易方式将土地所有权转移给买方。

（二）现行土地登记制度背景

1. 农村土地承包经营权确权登记背景

家庭联产承包责任制是在改革开放初期推行的，其目的在于提高农民从事生产经营的积极性。家庭联产承包责任制将农村土地所有权和土地承包经营权分离，分别归属于集体和农户。在法律上，1987年制定《中华人民共和国民法通则》，对农村土地承办经营权进行定义，家庭联产承包责任制在1999年正式写入宪法。

家庭联产承包责任制将土地承包经营权交由农民，激发农民从事生产经营的动力。但是，在一定程度上导致我国农业生产呈现规模小、分散化的局面。近年来，我国经济快速发展，以家庭承包为基础的生产经营模式越来越不能满足经济发展的需求。农业规模化的生产经营方式，是实现农业现代化的基础，因此，土地流转的重要性不言而喻，国家和农民都给予高度重视。国家政府先后制定一系列的政策鼓励农村土地的流转，并规范土地流转的方式、程序。如十八届三中全会提出三权分离，即土地集体所有权、土地承包权与土地经营权分离。

2013年中央一号文件提出全面开展农村土地确权登记工作，为农村土地流转的快速发展奠定基础。土地确权登记是国家管理土地、保护产权人权利的一项重要工作。土地确权登记工作需要依照一定的法律程序执行，将相关内容记录在登记簿上。登记簿上记录的内容主要有土地产权人姓名、土地的使用范围、土地面积、土地的位置和土地的价值等。土地确权需要经过申请、审查、登记与颁证等程序。政府相关部门人员需要在权利人提交登记申请之后，对土地的具体信息进行核查。

在法律、法规方面，国家出台了一系列规定，如《土地登记办法》《土地权属争议调查处理办法》《中华人民共和国土地管理法》等。这些法律法规为农村土地确权登记颁证工作的有序进行提供了重要的保证。

2. 农地产权制度

农村土地，简称农地，其所有权一般归集体所有。土地的类别包括农业用地、农村集体建设用地和宅基地。耕地、园地、林地与牧草地等属于农业用地，用于建设乡镇集体工业企业或者乡镇公共基础设施的土地属于农村集体经营性建设用地，宅基地是农民用来建造住房的。

农地产权包括多项权利，如土地的所有权、使用权、经营权及处分权等。土地的所有相关权利不一定只归属于一个人，可以将土地各项权利进行分离，每项权利属于不同的权利人。此外，农地产权是可以在市场上进行交易的，也就是可以通过市场化的手段将农地产权在权利人之间进行流转，农村土地流转的本质就是农村土地产权的交易。农地产权的权利人应履行的权利和义务、行为规范等都在法律上有明确的规定。因此，农地产权制度在配置土地资源方面具有重要的意义，且土地资源配置的效率高低取决于农村土地产权的交易费用。

3. 农村土地承包经营权流转制度

"土地承包经营权流转"一词最早出现在 1995 年的国务院文件中。之后，又出现在我国《农村土地承包法》《土地管理法》等法律文件中。

土地承包经营权流转是为满足我国农村发展所提出的，符合我国的国情，是我国农村土地管理的新政策，鼓励以转让、转包、出租、互换与入股等方式将土地承包经营权流转给其他人。相关法律文件对土地承包经营权流转机制做出明确的规定。

土地承包经营权流转一般需要遵循以下原则：

（1）自愿且符合法律规定。将土地承包经营权流转给其他人时，土地流转的双方必须是自愿的。此外，流转的方式、程序应遵循法律的规定，依法进行。

（2）土地承包经营权流转的主体为农民。2014 年 11 月 20 日，国家提出土地承包经营权流转有序发展的建议和措施。鼓励农民依法承包流转地，减弱农村土地经营规模小、分散化的问题，同时促进农民就业。农户在同等条件下拥有优先流出或者流入土地的权利。

（3）土地用途和所有权性质不能改变。相关法律规定土地承包经营权流转之后，承包方不能改变耕地、园地、林地与牧草地等农业土地的用途。此外，农村土地集体所有的性质也不能改变。

（4）土地承包经营权流转需注意承包时间。土地承包经营权流转有明确的时间限制。流转土地的承包方需明确承包期限，特别是承包的截止时间。

（三）两种土地登记管理办法的制度背景共性与差异性

清代"清厘田粮鱼鳞丘册"与我国现行的农村土地承包经营权确权登记共性主要体现在两个方面。第一，两者都是通过确权登记来明确土地面积、四至、位置以及土地权利的归属。第二，两种制度下农民都拥有土地的使用权。两种农村土地确权登记制度的区别主要体现在：

1. 土地登记制度背景的差异性。清代土地以民田为主，官田数量较少，土地的所有权基本不属于国家，土地私有制是清代的土地制度。清朝时期，土地私有制允许土地所有权可以在市场上进行交易，从而导致土地集中在少部分人手中，加大贫富差距。当今，在我国，国家拥有生产资料的所有权，所以我国的土地制度为土地公有制。土地公有制有效地防止土地兼并，阻碍财富两极化。

2. 土地登记功能的差异性。清代"清厘田粮鱼鳞丘册"的实施目的除了确认土地权利外，主要在于通过土地登记来切实掌握各地耕田数字，从而牢靠而准确地控制税源，杜绝隐田逃税的现象，更多地维护统治阶层的利益。土地承包经营权登记由国家行政机关推行，记录土地的面积、位置与产权归属等内容，在确权之后，颁发相应的承包合同、土地权利证书。其目的主要是保护农民的合法权利、鼓励土地流转。

3. 土地确权处置方式的差异性。清代，农民租赁土地从事生产经营，将一部分收入交给地主，因此农民只拥有土地的使用权。现今我国，农民具有土地的占有权、使用权和收益权，可以采取多种方式将土地进行流转，为实现规模化、专业化的生产经营提供重要的支撑。

4. 土地权利法律保障程度的差异性。清代土地登记通过编制鱼鳞册来完成，政府没有制定相应的法律政策来规范鱼鳞册编制的程序，因此，清代土地登记的法律保障程度较低。现今我国推行的农村土地承包经营权确权登记，已具有相对完整的法律体系，在法律上规范土地确权登记颁证工作的操作过程，保障土地产权人的权利。

二、清代"鱼鳞册"与现行土地登记制度地权分配对比

（一）清代"鱼鳞册"的地权分配

鱼鳞册是清代的土地管理办法，能够直观准确地反映出土地的权利归属、土地的买卖记录与土地的租赁记录等。20世纪80年代以来，国内外学者对鱼鳞图册展开定量、定性的研究，关注土地权利分配的变化趋势、土地权利分配的集中程度等。

1. 土地权利分配的变化趋势。宋代不限制土地的流转、没有较强的土地管理规范，土地的市场化交易较为自由，宋代的土地管理制度在之后的朝代中也基本沿用。宋代户籍统计由各个地方行政单位主管，内

容详细完整。现在的大多研究根据鱼鳞图册及各个朝代其他各种地籍资料，以北宋作为地权分配长期趋势研究的开端，虽然还未能构成土地完整的时间序列，但也足以看出长期趋势的大方向，认为从宋代至现在地权处于分散趋势。清代的地权分配符合宋代的长期趋势，基尼系数随时间不断下降。从下降的幅度来看，清代中期后，基尼系数的下降幅度变大，中华民国时，全国各地的基尼系数已下降至较低值。

2. 清代土地权利分配情况。国内外学者认为清朝时的地权分配是比较分散的。赵冈采用关中地权分配数据进行分析，表明中国的传统农业是不存在地主的，地权分布比较分散。秦晖对关中地区的土地改革资料进行分析，发现清朝初期到中华民国时期这段时间内，关中地区的地权分配与土地改革前的情况一样，没有地主、不存在土地的租赁和雇佣农户。李文治和江太新则认为清代是有地主的，但是地主的影响力不大，其所拥有的土地面积也不多，明末清初至清末，江南地区的地权分配从高度集中向极度分散转变。范金民认为光绪年间陶煦所说的"吴中之地，十九与绅士、富共有之也"即是指苏州田面权、田底权不分的占10%左右，田面权、田底权分离及绅士、富共有的租田占90%。

3. 贫穷化现象。根据赵冈、秦晖等人的研究，在将近一千年的历史中，农村的地权分配得到明显改善，同时否认了"不断集中论"及"无限集中论"。这种分配的对比研究掩盖了中国农村走入贫穷化之路这一事实。人均土地及人均所得降落到很低程度时，社会很难两极分化。贫穷化有三个明显特征：第一，土地分配曲线的平均值降落到很低的地位，以人均耕地来说，整个农村变得很穷；第二，无地农户在总农户中的比重，没有增加，甚至可能减少；第三，大地主迅速消失，地主平均占有土地的规模变得很小，换言之，农村社会中只剩下中小地主。从宋到明清，农村大地主数量在逐渐减少，农村没有大地主是特别值得注意的现象。北宋以来农村的地权分配确有明显变化：地权分配的平均值大幅下降，标准差缩小，分配曲线的左、右两端都向内收缩，向中看齐。这些都证明"不断集中论"及"无限集中论"都不能成立。农村没有土地的农户数量没有增加，大地主的数量在不断减少，也证明"永远的兼并"不是事实。

因此，从宋到明清这段时间来看土地分配的变化趋势，是在逐渐分散，基尼系数的长期趋势线是下降的。但这期间也有短时间的周期变动，基尼系数上下起伏。清朝时期地主占地面积是在逐步减少，地权呈分散趋势，人均土地及人均所得逐步降低，社会两极分化趋势减弱。

（二）现行土地登记制度的地权分配

从农业合作化和人民公社时期到家庭联产承包责任制再到农地三权分离制度，我国农村土地制度经历了一个不断完善的过程，农地流转趋于频繁。改革开放以来，我国土地流转的农户数量和面积在不断增加。浙江省的土地承包经营权流转发展迅速，2002 年～2007 年间，土地流转面积从 340 亩增加至 540 万亩；2007 年土地流转率达 40% 以上；2014 年，全国共流转耕地面积达 3.8 亿亩，约占 28.8%。

土地流转可以采用多种方式，如出租、入股与转包等。土地流转的方式，在我国各个地区存在明显的区别。就江苏、广东、安徽三省而言，以转包进行土地流转的比例分为 47%、32%、60%，以出租进行土地流转的比例分别为 13%、29%、23%。由此可见，我国的土地流转所允许采用的方式较多，但农民倾向于采纳的方式比较单一，以转包交易方式为主。

围绕"土地流转促进土地使用权的集中还是分散"这一问题，国内外学者展开激烈的讨论，看法不一。有些学者认为土地流转在一定程度上集中了土地，实现土地规模化经营；有些学者认为土地流转将土地流转向小农户手中，导致土地使用权出现分散的趋势；还有一些学者认为我国是以小农户经营为主，农户所占有的土地面积较小。土地的市场化交易很难快速将土地集中化，因此土地使用权是同时存在集中和分散的两种趋势的。

家庭联产承包责任制致使我国农村生产经营呈现小规模、分散化的局面，农村土地的利用效率较低，不利于农户增收。将土地集中经营，扩大规模，有利于实现规模化、专业化的生产经营，提供农业生产效率。为此，政府相关部门高度重视农村土地流转工作，以实现土地的集中化经营，促进农民增收。

（三）两种土地登记管理办法的地权分配差异

从地权分配的长期趋势来看，从宋代到明、清，农村大地主数量在逐渐减少，土地分配逐渐分散，基尼系数呈长期下降趋势。清代民间土地买卖自由，致使土地的权利越来越分散；土地基尼系数在清代后期时，有特别明显的减小趋势；到中华民国时期，土地的基尼系数基本呈现较低数值。

我国实施家庭联产承包责任制以来，土地流转比例在迅速扩大，流转面积也在不断增加。家庭联产承包责任制按照家庭人口数量将土地进行平均分配，导致我国农村呈现小规模、分散化的生产经营模式。小规模、分散的土地经营不利于提高农业生产效率，实现规模化收益。因此，需要推进土地集中化经营，提高农业产出。土地流转作为促进土地集中化经营的重要方式，正在快速发展。通过将土地承包经营权划分为土地承包权和土地经营权，实现土地经营权的快速流转。

三、清代"清厘田粮鱼鳞丘册"与现行土地登记制度实施效果比较

（一）样本选择

江苏地区由于遗存地方文献丰富，成为清史学界关注的典型区域之一。常州地理位置便利，商业经济发达，文化发展繁荣，得以留存丰富的地方文献。《清厘田粮鱼鳞丘册》保存于常州市档案馆，是清代同治五年时武进县土地管理部门编制的，记录了清代同治年间武进县的田土、山林、地形与地貌等情况，是当时征收赋役和保护封建土地所有权的土地登记管理办法。

常州市档案馆馆藏的《清厘田粮鱼鳞丘册》记录了重要的土地权属及土地交易信息，成为最重要的土地原始资料。在《清厘田粮鱼鳞丘册》中可以清晰看到土地的类别、土地的名称以及土地的位置、面积等，为土地管理、田赋收缴提供支撑资料。《清厘田粮鱼鳞丘册》在土地核查、土地利用与变更及土地管理与保护等方面进行了有益探索，为当前农村土地确权颁证工作提供了重要的历史依据和经验借鉴，是一份极具稀缺性的档案资料。

蒋堰村位于常州市武进区湟里镇西南，距离湟里镇6公里。该村农户共有1297户，总共3977人，设有村民小组49个；土地总面积达6.68平方公里，耕地面积约5000亩，主要种植花木，先后获得江苏省卫生村、江苏省新农村建设先进村、常州市"一村一品"十佳示范点、武进区文明村、武进区和谐村庄标兵等荣誉称号。蒋堰村自2015年5月份开始成立领导班子，按照国家和政府的工作要求，制定实施方案，开展农村土地确权登记颁证工作。该村应确权承包面积3921.72亩，至

2017 年 6 月确权到户面积 3905. 37 亩，完成率达 99.5%。

为比较清代"清厘田粮鱼鳞丘册"和现行的农村土地确权登记制度的实施效果，本研究选取常州市武进区蒋堰村为样本，一方面通过对常州市档案馆馆藏的 4 本清代"清厘田粮鱼鳞丘册"记载的相关信息进行整理分析，另一方面搜集武进区蒋堰村农民的基本情况以及本轮确权中土地确权、土地流转等方面的数据来分析两种制度实施效果。

（二）清代"清厘田粮鱼鳞丘册"的实施效果

1. 摸清了土地分布情况

《清厘田粮鱼鳞丘册》的编制由朝廷委任相关人员或地方官负责。主要登记内容包括：田地形状、四至、田地种类、田地的肥瘦、田地用途、田地产权归属人姓名与田地交易情况。登记人员在记录信息时需要实地进行勘察、测量，再按一定的顺序编制成册。《清厘田粮鱼鳞丘册》使得当时的统治阶层能有效掌握土地使用现状，为制定劳役、税赋等各类制度提供了重要依据。

2. 加速了土地流转速度

清朝时期，基于"鱼鳞册"改革土地制度，使得土地产权逐渐转变为私有化。与此同时，政府鼓励并保护土地产权的私有化，制定相关的法律法规提供保障。土地产权私有化为土地的市场化流转提供动力，在土地产权交易市场上，将土地权利划分为土地所有权、土地经营权和土地承包权，使得农民更加愿意将土地进行流转。农村土地的快速流转，又致使土地集中化和土地分散化两个趋势的产生。

3. 有效遏制了规避赋税行为

《清厘田粮鱼鳞丘册》详细记录了土地的有关信息，使得地主富豪无法伪造隐瞒土地占有的实际情况。依据鱼鳞图册的登记信息，统治者可以获得征收赋税的依据，也遏制了规避赋税的行为。

（三）武进区土地承包经营权确权登记的实施效果

1. 土地确权及土地流转总体情况

土地确权方面，蒋堰村本次确权工作应确权村民小组 49 个，应确权农户 1146 户，应确权承包面积达 3921.72 亩。本次确权到户有 1139 户，占应确权农户的 99.4%。本次确权到户面积达 3905.37 亩，占应确权面积的 99.5%。

土地流转方面，在产权清晰的基础上，完善土地流转的管理机制，特别是有关土地流转的数据收集管理机制。流转土地的信息收集管理需按以下程序进行：首先，收集农户流转土地的意向信息；接着，村级管理部门登记、汇总、上报土地流转意向信息；再接着，镇农村土地承包管理部门审核、筛选、分类和汇总；最后上报区农村土地承包管理部门。完善土地流转公开交易机制，土地流转信息向全社会公开。共受理农户申请土地流转 119 户，680 亩土地；受理需求流转土地大户 20 户，需求面积 750 亩；共签订规范化合同 11 份，土地流转达 648.82 亩，约占应确权承包土地的 17%，主要从事苗木种植。

2. 土地承包经营权确权的实施效果

（1）摸清了承包土地现状。全面详细地收集土地承包信息、农户户籍信息。登记信息包括土地权利的归属、土地的位置、面积与用途等。在进行数据收集时，应登记每一个家庭每一个农户的户籍信息，应实地考察每一块土地的具体情况。有效掌握了全市农村承包地使用现状，为制定各类发展规划提供了重要依据

（2）维护了农民承包权益。通过从空间及面积对农民承包土地予以确认。农民拥有的土地所有权、土地使用权更加明确清晰。清晰稳定的土地产权，有利于解决多种土地纠纷矛盾，保护农民的合法权益，减少了社会不稳定因素。

（3）强化了承包土地日常管理。土地承包需要经过规范的程序，首先要收集和登记土地流转信息，然后对承包方的资格进行审查，最后双方签订具有法律效力的合同。在土地承包中出现的土地纠纷也有相关的办法和规定进行调解。

（4）加速土地流转。土地确权颁证，使得土地的权利归属更加明确且有法律效力，为土地流转提供动力。截至 2017 年 7 月，共签订规范化合同 11 份，流转土地 648.82 亩，涉及农户 119 户，占应确权承包面积的 16.5%。

（5）推动了农业产业化和规模化。土地承包经营权的流转，可以改变土地的细碎化状态，逐渐形成土地集中化趋势。土地集中化可以增加生产经营的规模，有利于利用农业机械，加快农业现代化的发展。蒋堰村自实施确权以来实现了确权工作与新型主体培育、特色产业发展有效结合，同步推进，有效激发了各类农业经营主体的发展潜能，涌现出了一批发展典型。2011 年 5 月成立的常州市中亚绿化苗木专业合作社，2016 年实现销售 1500 万元，盈余 300 万元。

（6）增加了农民收入。通过农村土地承包经营权确权工作，农民拥有明确的土地产权，可以转变为相应的经济收益。另一方面，土地产权明晰又加速了土地流转的速度，实现规模化的农业生产，提高农业生产经营的收益，为农民增收提供途径。

（四）两种土地登记管理办法的实施效果差异

总体上来看，两种土地登记管理办法都起到摸清了承包土地现状、强化了承包土地日常管理的作用，但是两种土地登记管理办法是在不同的制度背景下制定的，代表了不同阶层的利益。清代时期实行的是土地私有制，"清厘田粮鱼鳞丘册"是土地私有制背景下的土地管理办法。鱼鳞图册详细记录了土地的有关信息，为征收赋税提供依据，遏制规避赋税的行为。因此，《清厘田粮鱼鳞丘册》的土地管理办法是为统治阶层服务的，代表统治阶层的利益。

三权分置土地制度管理办法是社会主义背景下的土地管理办法，体现的是人民的利益。三权分置土地制度有效推动了农村土地流转，维护了农民承包权益；从空间及面积对农民承包土地予以确认，明确土地的产权归属；清晰稳定的土地产权，有利于解决多种土地纠纷矛盾，保护农民的合法权益。此外，三权分置土地制度的实施有效推动了农业产业化和规模化，改变了土地的细碎化状态，逐渐形成土地集中化趋势。土地集中化可以增加生产经营的规模，有利于利用农业机械，加快农业现代化的发展，为农民增收致富提供途径。

四、本章小结

本章首先从总体上对清代"鱼鳞册"与现行土地登记制度的背景情况的共性与差异性进行系统分析，认为不同时期土地登记的大致内容形式具有一致性，但尚存在制度背景、功能作用、确权方式方法及法律保障程度等方面的差异。其次，对清代"鱼鳞册"与现行土地登记制度的地权分配情况进行对比研究，发现在"鱼鳞册"的土地登记管理过程中，土地在流转中趋于分散趋势；现行农村土地承包经营权确权登记工作则有利于土地集中适度规模化流转和经营，对于提高土地利用效率更有利。在上述比较分析基础上，本章具体分析不同历史时期同一地区的土地确权登记情况的实施效果，选取清代"清厘田粮鱼鳞丘册"与武进区土地登记制度为样本，对两个时代土地登记制度的地块核实、地权分配与农民权益保护效果进行了对比分析，认为现行土地确权登记制度在摸清土地利用分布状况、提高土地利用效率与农民土地财产权利保护方面的成效更显著。

第五章

苏、皖、浙地区清代"鱼鳞册"横向比较研究

一、苏、皖、浙地区清代"鱼鳞册"制度

（一）江苏常州《清厘田粮鱼鳞丘册》

《清厘田粮鱼鳞丘册》馆藏于江苏省常州市档案馆，是清同治五年期间编制的。该鱼鳞册记录了武进县怀北乡二都三图的土地信息，具体到每块土地的形状、面积、位置、权利归属等，并且对每块土地进行编号，按照土地的编号编制鱼鳞图册。目前，江苏省常州市档案馆共保存4册《清厘田粮鱼鳞丘册》。

《清厘田粮鱼鳞丘册》属于"鱼鳞图册"的一种，登记土地的相关信息，其目的是根据土地登记簿管理土地，为封建统治阶级征收赋税提供依据。封建统治阶级征收赋税需要考虑土地的面积、土地的质量等级等，"鱼鳞图册"将每块土地编制成图形，在图形上标注该土地的详细信息，有土地的面积、位置、土地的性质与土地的权属。"鱼鳞图册"按照每块土地的编号顺序编制，看似鱼鳞一般，所以得名，又可称为

"鱼鳞册""鱼鳞图"或者"鱼鳞丘册"。存放在政府部门，其目的是为了各级政府部门掌握土地的具体情况。

鱼鳞图册没有编制之前，武进地区的农户自行上报土地的占有面积，然后缴纳相应的税费。清同治五年，重新审查、测量武进县域内的土地，编制《清厘田粮鱼鳞丘册》。《清厘田粮鱼鳞丘册》编制成型之后，农户缴纳税费时无须自行上报土地拥有面积，政府部门对农户的土地占有情况都有明确的记录。

（二）安徽徽州府休宁县《均图鱼鳞册》

安徽省休宁县的"均图鱼鳞册"是清代和中华民国年间编造的，现存于安徽省休宁县档案馆，共有1153卷，其中清代987卷，民国85卷，81卷待考证，数量之多全国罕见。安徽省休宁县馆藏的鱼鳞册是目前为止较为完成的土地登记资料，具有较强的稀缺性。

《休宁鱼鳞图册》大约是在1647年到1663年之间编制的。这段时间内土地被统治阶级占领，荒地被地方乡绅开垦，造成土地所有权的变化较大。因此，编制鱼鳞图册对土地进行管理，同时为征收赋税服务。该本鱼鳞图册一直沿用至中华民国末期。

《休宁鱼鳞图册》详细记录了所有田地的面积、位置、肥沃程度与田地的权利归属。300多年来田地的交易过程、挂税转移也记录在鱼鳞图册中。鱼鳞图册在编制时需遵循一定的顺序，如按照"千字文"的编号顺序。每本图册的大小、内容和格式都有一些细微的差别。编制《休宁鱼鳞图册》一方面是为了保护土地所有权，另一方面是为了向土地所有人收缴税费。鱼鳞图册上登记过的土地在进行交易时，必须办理税费转让的手续。

在学术上，《休宁鱼鳞图册》对于研究清朝徽州的农村发展情况具有重要的学术价值。国内外大量学者针对图册中所反映的土地交易信息，分析清朝徽州的农村土地产权制度、土地流转制度和农村经济发展模式等。此外，《休宁鱼鳞图册》是关于清代时期土地管理重要档案资料，对中国古代土地产权制度的研究具有重要的历史价值。

（三）浙江《兰溪鱼鳞图册》

兰溪市隶属于浙江省金华市，始建于唐代，一直以来存有大量历史文献资料。《兰溪鱼鳞图册》是清代同治时期编制的，中华民国时对损坏缺失的部分进行了补造，该鱼鳞图册主要记录了位于兰溪城区及乡区35都159图的土地情况。《兰溪鱼鳞图册》保存在兰溪市档案馆和财税局，共有746册，缺74册，分为十箱储藏，兰溪市档案馆申请专项资金整修馆藏鱼鳞图册。1998年，兰溪市财政局也修补、扫描和复印了鱼鳞图册。因此，兰溪鱼鳞册至今仍保存较为完整，是一份不可多得的珍贵历史档案资料。

现今保存的兰溪鱼鳞图册从明代到清代经历了多次编制。最早，兰溪鱼鳞图册是在明洪武十九年间编制的，万历《兰溪县志》中有明确的记载；到清代康熙时，该鱼鳞册损坏缺失较为严重，所以康熙六年时，重新对兰溪县田地进行测量、调查，再次编制鱼鳞册；之后，由于太平天国运动，兰溪县政府被占领破坏，鱼鳞图册也被大火烧毁；直至太平天国运动平息后，鱼鳞图册又再次被编制。在此期间，重新编制鱼鳞图册共889册。鱼鳞图册一式两份，其中一份存放在县政府，另一份存放在各都图的地籍管理人员处。

中华民国22年，兰溪被命名为实验县，在县政府发现了一份保存已久的鱼鳞册。这份鱼鳞图册因缺乏妥善保管，也缺失200多册。之后，县政府对现有的鱼鳞图册进行整修，并对照现存的图册，将已缺失的内容补充完整，整个修整、补编的过程历时8个月。最后，根据中华民国时期乡村的组织划分，将原来的889册图册拆分、合并，形成820

本图册，以全新的封面装订成册。

由于日军占领兰溪县，中华民国时期修整、补编的鱼鳞图册被从兰溪县运送至浙南景宁，而后又被运送到甘溪乡东坞村。直到抗日战争胜利后，鱼鳞图册才被运回兰溪县城，存放在田赋粮食管理处。

二、苏、皖、浙地区清代"鱼鳞册"的共性分析

（一）清代"鱼鳞册"的土地"占田制"背景

清代苏、皖、浙地区以"鱼鳞册"为标志的土地确权登记工作，都是基于土地"占田制"的背景进行的。田地制度发展中农民垦荒占田、官僚贵族占田，"占"的特征比较突出，故而称为占田制。

明清时期，农民和地主长期斗争下形成土地租佃的永佃制度。永佃制度保障佃农的利益，允许其在支付地租的前提下长久租用土地，与地主的土地交易无关。永佃制度将田面权和田底权分置，可归属于不同的人。田面权归属于佃农，即佃农拥有永久租佃土地的权利，但需支付地租和税费，可以在市场上交易、抵押和典当，也可以被继承。田底权归属于地主，即土地的所有权，可以转让和抵押。地主可以向佃农收取地租，但不能收回佃农租用的土地。

永佃制度赋予佃农永久租用土地的权利，激发佃农从事生产经营活动的动力，在一定程度上，提高其劳动收入。清代田面权和田底权的市场交易频率较高，土地买卖的自由度较高。

（二）清代"鱼鳞册"的"摊丁入亩"赋税制背景

清朝初期，在"一条鞭法"的基础上实行"摊丁入亩"的赋役政

策。"摊丁入亩"的赋役政策提出合并田赋和丁税、赋役征银的制度。合并田赋和丁税，不再以户为重心收取田赋而以亩为单位计算。早期的赋役制度要求农民以实物或者服徭役的方式代缴田赋，赋役征银制度允许以货币形式缴纳田赋，官府统一雇佣农民服役。在一定程度上，改革后的赋役政策为减轻农民的赋税和劳役提供了可能，满足明清时期经济发展的需要。

苏、皖、浙地区，"鱼鳞册"记录了土地的详细信息，包括土地的具体位置、形状、土地质量等级与土地所有权归属等。"鱼鳞册"的编制是按照土地的编号顺序进行的，鱼鳞图册制度在清代时期的功能是为征收赋税提供依据，尤其可以防止地主隐瞒土地占有情况，逃避缴纳税费。

（三）清代"鱼鳞册"的确权登记内容相近

明清时期，"鱼鳞册"记录土地的详细信息，类似于"地籍"，是重要的土地登记制度之一。明清时期除了"鱼鳞册"之外，还有"推收册"，两者统称为"从田"。"鱼鳞册"记录土地面积、土地产权等，是为了掌握管理范围内土地的总面积，进一步明晰土地权利归属；"推收册"记录土地的产权交易明细。"推"表示将土地转出，"收"表示将土地转入。"鱼鳞册"和"推收册"分别从静态和动态两方面记录土地的有关信息。

从现存的《兰溪鱼鳞图册》《休宁均图鱼鳞册》与《清厘田粮鱼鳞丘册》图本来看，不同地区土地登记内容大体一致。其一，对土地类型进行了标注，主要包括田、地、山、塘、滩（坎）；其二，确定了土地范围与四至东、西、南、北、址；其三，以都（相当现在的乡、镇）、图（现行政村）、字（千字文中的字）、号（顺序编号）、坐落、数量（亩、分、厘）和业主等信息为依据编册；其四，对如业主、等级、地目、坐落、地积、荒种、土名等情况变更进行注记。

三、苏、皖、浙地区清代"鱼鳞册"的差异性

（一）苏、皖、浙地区清代"鱼鳞册"确权登记差异

从清代图册保存数量来看，安徽休宁县《均图鱼鳞册》、兰溪鱼《鱼鳞册》保存更为完整，保存图本数量分别为987卷、746本，而《清厘田粮鱼鳞丘册》仅4册。从土地确权登记信息记载翔实程度来看，休宁《均图鱼鳞册》、兰溪鱼清代《鱼鳞册》对土地变更情况的注记更为翔实，图册中对土地变量信息均做了补充修改注记，并加盖经办单位的印章；而《清厘田粮鱼鳞丘册》对土地面积的四至丈量数据记录更为详实，对每一块土地的东、西、南、北址的弓尺均进行了记录，也反映了清同治年间武进怀北地区在土地确权登记中，政府实行了较为严格的逐田实地丈量。

安徽编制鱼鳞图册的时间最早是在清朝顺治时期。从那时起，徽州全面清查土地，记录土地的所有详细信息，以"图"为单位编制成鱼鳞图册。徽州鱼鳞图册记录的内容较为详细、全面，导致编制花费的时间较长。清代时，徽州土地产权转移的频率较高，鱼鳞图册中登记的土地产权归属人分布较为分散，可能不属于同一个地区。

（二）苏、皖、浙地区清代"鱼鳞册"对地权分配的影响

道光三十年、咸丰十一年和同治四年，因洪水冲塌，土地被破坏，田亩减少，同时部分田地山塘亩、分数目案卷被毁无考，赋税征收逐年锐减。到太平天国农民起义之时，人员流动和伤亡剧增，人口大量减

少，荒田荒地比比皆是，人均耕地达到 6.36 亩之多，土地管理严重失控，因此在同治年间清理土地、建立土地册籍是统治者的当务之急。同治四年（1865 年），各地以清赋为首务，采取新的土地丈量计算方法，田地以斗、石作核计亩分进行再次土地登记核实。

清朝时期，基于"鱼鳞册"改革土地制度，使得土地产权逐渐转变为私有化。与此同时，政府鼓励并保护土地产权的私有化，制定相关的法律法规提供保障。土地产权私有化为土地的市场化流转提供动力。在土地产权交易市场上，将土地权利划分为所有权、经营权和承包权等，极大地提高农民流转土地的意愿。另一方面，土地流转速度加快，又致使土地集中化和土地分散化两个趋势的产生。

赵冈（2010）的研究中指出，基尼系数可反映土地分配样本中的土地集中程度，该数的浮动区间为 0 ~ 1，数值越高表明土地产权越集中。从表 5 - 1 可以看出，清代苏、皖、浙地区样本都图的基尼系数值不高，说明土地集中化程度较低，但不同时期的地权分配仍存在差异。清顺治八年至乾隆年间，安徽休宁县样本都图的土地从分散逐步走向了集中；清同治年间，浙江兰溪县样本都图的土地集中化程度比顺治、康熙元年的安徽休宁县略高；康熙十五年间江苏长洲地区样本都图基尼系数较高。

表 5 - 1 清同治年间地权分配下的基尼系数

时间	地区	基尼系数
清顺治八年（1651 年）	安徽休宁县 27 都 5 图 3 甲	0.006
清康熙元年（1662 年）	安徽休宁县 27 都 5 图 3 甲	0.126
清康熙五年（1666 年）	江苏长洲县下 21 都 20 图	0.389
清康熙十五年（1676 年）	江苏长洲县 18 都 31 图	0.372
清康熙十五年（1676 年）	江苏长洲县下 21 都 3 图	0.482
清康五十五年（1716 年）	安徽休宁县 13 都 3 图某甲	0.395

续表

时间	地区	基尼系数
清乾隆二十六年（1761 年）	安徽休宁县 13 都 3 图某甲	0.470
清同治四年（1865 年）	浙江兰溪县 23 都 4 图	0.432
清同治四年（1865 年）	浙江兰溪县 24 都 3 图	0.394
清同治四年（1865 年）	浙江兰溪县 24 都 5 图	0.326
清同治四年（1865 年）	浙江兰溪县 28 都 5 图	0.398

注：数据源于《鱼鳞图册研究》（赵冈，2010）中整理所得。

四、本章小结

本章阐述了苏、皖、浙地区清代的"鱼鳞册"制度，包括《清厘田粮鱼鳞丘册图》《均图鱼鳞册》和《兰溪鱼鳞图册》。系统分析了苏、皖、浙三地清代"鱼鳞册"的土地确权登记制度的共性与差异性。上述不同地域、大致同一历史时期的"鱼鳞册"，都基于土地"占田制""摊丁入亩"赋税制度背景，同时"鱼鳞册"中记载的土地登记确权内容大体一致。但也存在三地"鱼鳞册"土地确权登记信息记载翔实程度及对地权分配的集中化程度影响等方面差异。

第六章

苏、皖、浙地区农村土地承包经营权确权登记比较

我国农村以家庭承包经营为基础，很大程度上激发了农民从事生产经营的动力，取得较好的效果。然而，我国农村普遍存在土地面积不准、地理位置不清和土地登记制度不健全等问题，严重制约土地流转、规模经营的发展。为加快土地流转，实现规模经营，我国提出必须开展农村土地承包经营权确权登记颁证工作，明确农民的各项土地权利。本章将苏、皖、浙地区农村土地确权登记工作进行对比分析。

一、样本选取及调查方法

本研究课题组成员于2017年7月~9月期间对苏、皖、浙地区土地确权情况进行了实地考察，江苏常州市武进区、安徽黄山市休宁县与浙江兰溪市被选为样本，采取访谈调查的方法进行对比分析。主要访谈内容包括：样本市（县、区）农村土地确权的进展情况；典型村、镇的土地确权具体进展情况；土地承包经营权确权方式、方法，操作流程、人员配置与培训情况；土地承包经营权确权工作中存在的主要问题、困难及采取的应对措施、经验成效及下一步工作打算。通过此次调研活动，为系统比较分析苏、皖、浙地区现行农村土地承包经营权确权登记

工作经验做法、存在的问题及制度演进的规律等，完善农村土地确权登记颁证工作，提供来自历史、经验层面的依据与政策参考。

二、江苏省武进区土地承包经营权确权情况

（一）常州市武进区土地确权登记概况

按照江苏省对农村土地确权登记工作的要求，常州市到 2017 年 7 月底应完成土地确权工作的目标是：完成 38 个乡镇、503 个行政村的土地确权工作。实际完成确权行政村 230 个，完成率 47.53%；颁发权证 19.31 万份，颁证率 45.13%。已累计受理土地承包经营权纠纷 10503 件，已经调解结案 10264 件，尚有 239 件正在调解处理过程中。

2014 年 11 月，常州市武进区被批准为第二批全国农村改革试验区。此间，常州市武进区一直积极开展土地确权登记工作，推动农村土地流转，基本实现规模经营。武进区农村土地流转的工作成效较好，土地经营权不再集中于小规模、分散的农户手中，逐渐向家庭农场、合作社与龙头企业等新型经营主体流转。2017 年 3 月底，武进区共有农户 10.15 万、耕地 29.71 万亩，已完善合同 9.81 万份，占需确权农户的 96.62%。截至 2017 年 12 月底，武进区共培养新型农业经营主体 742 家，其中，龙头企业 39 家，农民专业合作社 471 家，家庭农场 232 家，规模经营面积占耕地总面积的 52%。

表6-1　武进区农村土地承包经营权确权登记颁证进度

镇（街道）名称	需确权情况		权证颁发情况		
	村数	户数	村数	户数	户数占比
南夏墅街道	6	1791	5	1589	88.72%
雪堰镇	23	15344	20	12006	78.25%
洛阳镇	18	10373	13	6979	67.28%
前黄镇	20	15395	17	10342	67.18%
嘉泽镇	18	16554	15	9913	59.88%
湟里镇	16	14244	8	5112	35.89%
牛塘镇	4	1478	2	517	34.98%
遥观镇	13	3378	9	1016	30.08%
礼嘉镇	14	10001	8	2026	20.26%
横山桥镇	16	9220	0	0	0
横林镇	9	3735	0	0	0
合计	157	101513	97	49500	48.76%

　　截止到2017年11月15日，武进区已有97个行政村启动了权证入户工作，占需确权行政村的61.78%；共向农户颁发承包经营权证49500份，占需确权农户的48.76%，其中南夏墅街道、雪堰镇、洛阳镇、前黄镇的权证颁发率分别达88.72%、78.25%、67.28%、67.18%。对照年度目标任务，仍存在明显差距，全区总体颁证率离90%的目标尚有较大差距，48个已完成权证审核盖章的村尚未开始颁证，其中横林镇、横山桥镇整镇尚未启动。另外，洛阳镇的戴溪村、洛东村、横林镇的顺庄村、遥观镇的东方村和前黄镇的蒋排村等5个村的合同完善率尚未达到90%。

（二）武进区土地确权试点村镇进展情况

　　本研究将常州市武进区湟里镇蒋堰村作为样本区域，对其进行走访调查，重点分析其土地确权登记颁证工作的进展情况。湟里镇蒋堰村是武进区土地确权登记的试点村，其确权工作的推行情况具有一定的代表性。该村在湟里镇的西南方向，距离不远，共有 1297 户、共 3977 人，设有村民小组 49 个。蒋堰村土地总面积达 6.68 平方公里，其中耕地 5000 亩，以种植草坪、花木为主；拥有专业合作社 1 家，入社社员 180 户，面积达到 1000 亩；家庭农场 4 家，种养殖面积达 383 亩，专业大户 8 户，种养殖面积 180 亩；土地流转面积 648.82 亩，涉及农户 119 户。2016 年，蒋堰村工业产值达 6.22 亿元，农业产值达 5000 万元，农民人均纯收入达 3 万多元。

蒋堰村共有应确权村民小组 49 个，应确权农户 1146 户，应确权承包面积 3921.72 亩；本次确权到户 1139 户，占应确权农户的 99.4%，确权到户面积 3905.37 亩，占应确权面积的 99.5%。尚有一些土地未完成确权工作，究其原因主要是以前的土地流转工作不规范，种田大户对土地确权有异议。

（三）武进区土地确权登记工作中的主要问题

2017 年，确权登记颁证工作取得一定成效，但是对照今年全面完成此项工作，从目前来看存在两方面困难和问题：一是流转不规范导致纠纷后难以确权。1998 年二轮承包时，农村普遍存在抛荒现象，农户弃田现象严重，一些种田大户就主动收集弃田进行耕种，当地村委也与大户签订承包三十年的承包合同，并颁发了承包经营权证书。目前确权时，一些农户就要求收回原承包地，种田大户却不愿放弃种植权，土地确权工作中土地纠纷频发，主要是因为之前土地流转时的协议不规范，多数未签订书面合同。二是数据汇交。确权数据汇交受到各地测绘机构资质复杂、技术规范不一以及互相对接困难等影响，目前全省无一县（区）成功汇交农业部（包括入库皓盘的数据）。近期，农业部在全国范围指定三家单位承担数据汇交工作，目前省农委正积极开展前期技术对接和试汇交，下一步将在全省推广；但是最终成效怎样，仍需拭目以待。三是档案信息化。纸质档案归档入馆基本没问题，但是档案信息化不仅耗时长，而且成果成功挂接县（区）档案馆难度大。全市目前还无一家县（区）完成此项工作。

针对上述问题，武进区采取了以下措施：首先，加快完成权证入户，同步完成归档工作。在颁证前，再次组织前期成果抽查，确保确权成果让农户认可，真正做到面积、合同、登记簿与证书"四相符"。各地农经部门与档案部门做好业务对接，尽快启动确权档案归档和信息化扫描工作，通过采购程序，委托第三方专业机构开展信息化归档工作。其次，抓紧完成县级验收，做好数据库成果汇交。各地建立土地确权工作验收小组。充分利用前期预验收、测绘专项检查和档案检查验收等成果，按照"成熟一个村、验收一个村"原则，抓紧组织县级全面验收。并且要对数据的质量严格控制，数据导入前应先进行检测，对数据格式、数据库中关联关系进行检查，以保证数据的真实性、完整性。完成数据收集之后，在全省统一部署下，积极对接农业部范围内的公司，配合完成数据汇交。

（四）武进区试点村土地确权登记工作的经验启示

1. 土地确权登记工作规范化管理。根据武进区、湟里镇两级的统一部署，蒋堰村的土地确权工作从 2015 年 5 月份开始成立领导班子，抽调工作人员，开展农村土地确权登记颁证工作。土地确权工作的操作流程比较规范，要求实地考察地块、面积，当面递交合同、证书，保证合同、登记簿、证书中土地面积的一致性。此次开展农村土地确权登记工作，解决了一大批土地承包历史遗漏问题，为样本地区土地承包经营权流转管理工作走上规范化轨道奠定了基础。

2. 在土地承包经营权确权登记基础上，建立土地流转规范管理制度。在产权清晰的基础上，完善土地流转的管理机制，特别是有关土地流转的数据收集管理机制。流转土地的信息收集管理需按以下程序进行。首先，收集农户流转土地的意向信息；接着，村级管理部门登记、汇总、上报土地流转意向信息；再接着，镇农村土地承包管理部门审核、筛选、分类和汇总；最后，上报区农村土地承包管理部门。完善土地流转公开交易机制，土地流转信息向全社会公开。蒋堰村共受理农户申请土地流转 119 户，680 亩土地，受理需求流转土地大户 20 户，需求面积 750 亩。同时，加强合同规范化管理，受让主体经审核合格，自然人、工商企业和土地转出方在农村土地承包管理部门的监督下，还必须签订土地流转合同。同时流转合同必须明确注明流转土地的用途、流转价格、流转期限、预订金及保障金等事项。共签订规范化合同 11 份，流转土地 648.82 亩，主要是从事苗木种植，到目前为止运转正常，效益也比较好。

三、安徽省黄山市休宁县土地确权情况

（一）休宁县土地确权登记基本概况

黄山市拥有区、县、镇数量分别为 3、4、101，目前共 36 万农户，总计 118.3 万人。黄山市以林地为主，拥有林地 1207 万亩，耕地、茶园面积分别为 74 万亩、72.4 万亩。2015 年底，统计数据表明，黄山市共有 697 个村，7409 个村民小组，有承包地的 33 万农户，家庭承包经营的耕地园地面积 135.3 万亩。2015 年，安徽省确定黄山市休宁县为第二批试点区县。截止到课题组调查时间，黄山市休宁县共有农户 65759

户，其中没有承包地的农户有 3679 户，应确权农户 62080 户，已确权农户 62080 户，确权农户率 100%。已颁证 62080 户，颁证率 100%；已颁证到户 62006 户，颁证到户率 99.9%；应确权面积 383646.5 亩，已全部确权到户，没有暂缓确权的。

农村的农户数量因分户、合户与建设性征地等不断发生变化。陈霞乡的 3 个村、40 个村民组、2171 户、7161 人和海阳镇首村的 3 个村民组、144 户、568 人，因月潭水库建设项目，承包地被征；海阳镇南街村的 1 个组、北街村的 3 个组共 116 户、370 人；万安镇的 6 个村涉及 30 个村民组共 1076 户、4635 人，因新城区建设，承包地被征；东临溪镇的有 2 个村涉及 5 个组共 172 户、602 人，因黄山市城区建设和黄山学院扩建，承包地被征。这些承包地被征的无地农户，根据休政 [2007] 55 号文件，纳入被征地农民社会保障管理：若女性年满 55 周岁，男性满 60 周岁，则可享受失地农民保障，每月可获得 140 元补助；剩余劳动力，25－50 周岁的，有 50% 以上常年在外务工，部分人在当地经商或成为个体户，少数 50－60 周岁的劳动力在本地城镇做临时工，剩下的老人基本是在家看守门户或陪护小孩上学，生活基本有保障。对应确权农户 62080 户，已颁证 62080 户，颁证率 100%。但由于我县外出务工人员中存在失联人员（多年不回家无法联系），证书无法颁证到户，故已颁证到户 62006 户，颁证到户率 99.9%。对此部分失联人员证书，放在村委会代管，待失联人员回家后颁发。

（二）休宁县土地确权登记工作的主要问题

1. 山区面积四至不清，确权难度大。全县 70% 的土地为林地，主要种植茶树，茶园地块分散，路途遥远，测绘成本高；山区茶园大多分布在 25℃山坡地带，投影面积低于茶园实际面积，农民难接受；部分茶园、山坞田长期无人管理、四至界限模糊，影响了测绘工作进度。

2. 历史遗留土地变更问题，成为确权中的矛盾纠纷点。二轮土地承包遗留下较多的问题尚未解决。近年来，农户之间私下买卖、土地互换和分家分地，引起土地矛盾纠纷，需要耗费大量时间和精力解决。此外，土地流入方没有相应的权利证书，对是否能够获得权利保障的担心较大。

3. 土地确权登记中的管理配合问题。从休宁县土地确权实践情况来看，测绘机构与乡镇村配合不紧密，部分茶园、山坞田长期无人管理、四至界限模糊，影响了测绘工作进度；个别测绘公司不重视，技术力量投入不足、管理不到位、部分技术员责任心不强，导致外业测绘指界工作和成果输出时间长；内外业工作分别由不同的技术员负责，对接配合不密切，导致输出的成果明显错误多，拖慢了确权进度；此外，外出务工人员多，也影响了现场指界和上户核对签字工作。

（三）休宁县土地确权登记工作的经验启示

1. "鱼鳞册"古为今用，解决四至不清茶园土地确权。休宁县山地面积占70%左右，山坞田、茶园长期无人管理、四至界限模糊。所以，该地区通过将"鱼鳞册"古为今用以妥善解决上述土地确权中的难题。首先，确定"鱼鳞册"使用范围。采用"鱼鳞册"方式进行土地承包经营权确权，具体包括以下几种情形：二轮承包档案中四至清楚，但现实茶园荒芜、农户鉴别不清四至的；二轮承包档案中四至不清，现实茶园荒芜、四至不清的；二轮承包档案中没有记载任何有关茶园信息的；二轮承包档案中体现的茶园是按产量或棵数分到户的。其次，建立"鱼鳞册"编制程序：①召开每一块茶园户主会议，研究确定核实此块茶园的总户数和分茶到户时总人口数及每户的人口数，不能有漏户、多户；②核实按产量或棵数分茶到户时的分配方案（即是按人口分的，还是按产量或棵数分的）以及核实后的花名册（包括户主姓名、分茶人口、茶园面积等）；③研究确定相同人口的户，实际茶园面积相差较大的处理意见；④根据确定核实后的分配方案，编制形成大小形状符合当时情况的地块分布图；⑤将以上四项内容做好会议记录及所有相关农户在分配方案上签字确认；⑥补办以上五项内容的时间必须是填写调查摸底之前；⑦以上五项资料是作为成果验收和上级检查工作时的重要依据，必须抓紧抓实。

2. 政策宣传入户，配套制度保障。首先，为确保土地确权登记颁证工作程序规范，休宁县确定了严格的程序要求。制定《休宁县农村土地承包经营权确权登记颁证工作方案》，要求各乡镇严格按照实施方案开展工作；采取公开招投标方式，将 20 个乡镇分包给三家测绘公司作为技术测绘单位，制定"休宁县技术设计书"，统一操作技术标准。其次，采取多种有效方式广泛宣传政策。如悬挂、张贴横幅和标语，发放《致农民的一封信》。蓝田、流口等乡镇还通过手机短信、政府网站发布致广大农民工朋友们的一封信及咨询电话，向农户解释相关政策，打消农户顾虑，展外出务工人员的政策宣传，使确权工作得到了农民群众的理解和支持。最后，建配套保障制度。一是建立周通报制度。自2015 年 5 月下旬开始，每周五统计汇总各乡镇的工作进展，并按照各阶段工作调整填报内容。二是建立月例会制度。每月底召开例会，汇报工作进展，研究梳理工作中政策难点及存在的问题，安排下步工作重点。三是建立随机查岗制度。要求每个乡镇不得少于 5 名技术员，县确权办不定时进行电话抽查，检查技术员在村组工作开展、到岗情况。四是建立包片督导制度。制定试点工作攻坚年活动方案，建立领导小组成员单位包片和农委科室包片督导工作制度，按方案要求督导到乡镇村组。

四、浙江兰溪市土地确权登记情况

（一）兰溪市土地确权登记基本概况

兰溪市隶属于浙江省金华市。全市土地面积 131244.07 公顷（196.87 万亩），农用地 112643.66 公顷（168.97 万亩），占 85.83%。兰溪市是浙江省农村土地确权登记颁证工作试点市，该市自 2013 年来开展农村土地确权工作，严格按照农业部农村土地确权的标准和操作流程开展工作。先在云山街道朱山村开展试点，当时采用 GPS 和 RTK 实测的方法；在此基础上，2014 年在云山街道全面铺开，采用图解加实测的方法，总共完成 21 个行政村 7055 户，14000 多亩，农户签字率 90% 以上；2015 年整个兰溪市农村土地确权工作全面开展，12 月 2 日~3 日顺利承办了全省在兰溪召开的全省农村土地确权推进工作会，兰溪土地确权工作得到了省委省政府的肯定。截至 2017 年 8 月 24 日，全市原有的 646 个行政村中，622 个村有确权任务，24 个村人均耕地少于 0.2 亩，可以不开展土地确权；完成指界任务 620，占比 99.7%；正在公示核对 619 个村，占比 99.5%，完成公示核对 564，占比 90.68%，合同签订正在进行，权证招标已经完成。

（二）兰溪市土地确权登记中的主要问题

1. 土地确权方法问题。农户对图解的方法存在疑问，因为图解的面积往往大于二轮承包面积，导致农户不信任。造成这种情况主要有以下几种原因：第一，二轮承包时丈量时的皮尺松紧；第二，田的质地差异与水的灌溉、远近关系；第三，测绘单位技术力量和技术人员的差异。

2. 承包土地变迁问题。由于二轮承包到现在已经过去 19 年，有许多土地变为建设用地或荒芜在那里，导致无法指界，因为有大量的纠纷存在其中。有的山区村的土地细碎且多集中在山陇里，遍布杂草和杂木，根本无法指界，再加上能够准确指认土地的人很少了，即使有也是老弱病残的人。此外还有土地整理、农综开发、挖塘养殖、农户建房等原因导致指界困难。

3. 土地面积问题。大量的农户认可二轮土地承包面积，其主要原因：一是土地征用时，村集体以承包权证面积落实到农户的，村集体不认可此次实测面积；二是农户认为土地政策多变性，多也不要，少也不肯；三是有的农户认为二轮承包时多分土地的农户当时已经多得利了，不同意现在土地确权又要多确权给他。四是农户人口的变化，导致"有人没田，有田没人"的现象矛盾突出。

4. 分割土地问题。父母与子女分户时，没有分割土地或者父母跟其中的一个子女生活，土地在其中的一个子女名下；第二，离婚妇女未得到农村土地承包问题也存在许多；第三，土地代耕种问题，二轮时或一轮直接过渡到二轮让农户代耕种的土地，现要求返还或要求确权到自己名下。

5. 以租代征问题。兰溪市以租代征要达到 4000 亩以上，在这次土地确权过程中上访的农户很多，光马涧镇就达到 18 户农户。

（三）兰溪市土地确权登记工作的经验启示

1. 针对历史遗留问题，采用村委协调、乡镇调解、市级调解加仲裁解决矛盾和纠纷。农村土地确权工作牵涉到千家万户，与农民的利益紧密相关。兰溪市农村土地确权登记工作的推进，不仅受到当前农村发展现状的影响，还经常会遇到一些历史遗留问题。这些历史遗留问题通常是由于登记工作不仔细、不认真导致的，当然也会有一些是以前尚未解决的问题。为较好的解决历史遗留问题，减少土地确权工作中的难题，兰溪市采取以下措施妥善解决土地纠纷问题。一是构建独立的土地纠纷调解组织，为保障农民权利提供途径。二是对村委、乡镇等基层组织中的相关人员进行培训，提高其调查纠纷的能力。

2. 加强技术投入，确保农村土地确权工作保质保量完成。兰溪市在此次土地承包经营权确权登记工作中，全面收集基础资料：包括二轮承包资料、二轮承包方案、合同、权证与家庭户籍信息（包括二轮农户户籍和二轮后的户籍信息）。农田基本信息：包括 DOM 正射影像图、基本农田图层、地力等级图层、建设用地图层以及土地利用规划图层。现场指界是土地确权的基础。该市采用图解加实测的技术方法，通过 DOM 正射影像图和农户二轮土地承包信息，到农户每块土地里现场指界，获得土地面积、形状、四至、界址点界址线及空间位置的信息，发包方、承包方和承包地块调查信息，从而形成宗地地图的详细信息资料，并标明宗地图的统一编码。

3. 通过机制创新，推进土地确权工作顺利实施。首先，建立农村地籍调查数据库，完善地籍管理。灵洞乡洞源村、游埠镇裘家村是兰溪市农村宅基地确权登记颁证工作的试点村，其工作内容包括实地调查宅基地的权利归属、测量面积与处理历史遗留问题等。在此基础之上，构建试点村农村地籍调查数据库。其次，引入了土地登记代理机制。针对多少农户外出务工情况，兰溪市通过建立土地登记代理机制，有效解决了土地确权中农户无法亲自现场确认的问题。具体来说，可以由申请人委托代理公司全程参与资料收集、地籍勘丈（宗地草图）、权属状况调（核）查、界址调查和宗地入库等工作，处理相关事情。农民无须亲自花费时间就可领取宅基地使用权证书。

五、苏、皖、浙地区农村土地承包经营权
确权登记比较

（一）苏、皖、浙地区土地承包经营权确权登记共性分析

1. 农村土地"三权分置"改革制度背景

"三权分置"下土地所有权归属不发生变化，农地所有权、承包权与经营权可以分离。其目的是为促进经营权流转，以实现规模化经营，促进农民增收。也就是说，"三权分置"局面的形成是为满足土地流转和规模化生产经营的需求。农地所有权、承包权和经营权分离，较好地促进了土地的流转。但是在土地流转之后，土地承包经营权确权登记工作的实施难度将大大加大。

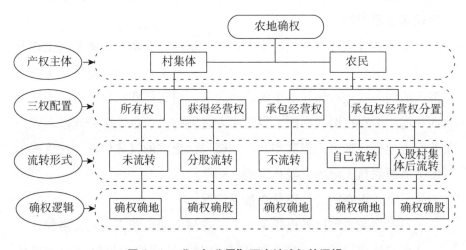

图 6-1　"三权分置"下农地确权的逻辑

开展农村土地承包经营权确权登记工作主要有两个目的。一是明确农村土地产权的主体，二是推动农村土地的流转。土地确权工作需遵从

一定的逻辑和操作程度，以便规范工作。土地确权的逻辑如图6-1所示。在土地确权工作中，最为重要的是明确产权主体，而产权主体有农户、村集体，那么应首先明确农户与村集体的产权界限，处理好两者之间的关系。农村土地确权的具体方式，如确权确地、确权确股，需要考虑土地的产权主体、权利配置以及流转方式。

2. 苏、皖、浙地区土地确权登记工作中的共性问题

通过对苏、皖、浙地区土地承包经营权确权登记颁证工作的实地考察，发现不同地区间土地确权中尚存在一些共性问题，具体如下：

（1）土地权属争议，引发土地确权纠纷

针对农村土地确权登记颁证工作，对苏、皖、浙地区的开展情况进行调查走访，发现三地均出现了不同程度的土地确权矛盾纠纷问题，而土地权属纠纷根本上是土地利益上的纠纷。苏、皖、浙地区属于东部经济发达地区，随着土地市值的攀升，土地不规范流转、农村人口流转等导致的土地权属不清、土地征用补偿标准不一等问题，导致土地确权中产生较多矛盾纠纷。

土地流转导致部分村镇的土地产权不清晰。在本次土地确权工作开展之前，由于农村发展需要，一些村镇已经将土地进行了流转，主要是采取入股的方式进行流转。土地流转之后，村集体和农户所有的土地混合在一起，不存在明确界限，导致两者之间的土地难以区分。很多农户虽然有土地确权证书，但其实并不知晓自己土地的具体位置，这将很大程度上遏制农村土地的市场化发展。

除了上述提问题外，还存在如下情况：

①目前多数农民以外出打工为主，农村土地免费交由他人耕种。

②农户将户口迁出，转为城市户口时，其土地承包权将被村集体收回。

③由于耕地面积的大小关系到补贴的额度，农民对耕地面积的调整极为关注。即使土地调整的范围较少，也会导致不同程度的纠纷。

④农村土地的用途被改变，导致土地产权归属的争议较大。

⑤农村土地承包经营权证书上的登记人只有男性，妻子的姓名不登记在权利证书上。当发生离异、丧偶时，妻子将失去该土地的承包权，导致争议和纠纷。

（2）历史遗留问题增加了土地确权登记难度

第一轮承包遗留下的一些问题增加土地确权登记难度。第一轮土地承包的目的是解决"大锅饭"带来的问题，将田地分配到各农户手中，提高农户农业生产的积极性。那时的土地分配方式是由自然村自行分配耕地。耕地所有权归属于自然村，自然村自行分配耕地时，存在人口数量谎报的情况，导致耕地分配不均衡、不公平。

农业税费政策变化后，导致土地权属纠纷问题较多，增加土地确权登记难度。农业税费政策变化之前，需要收取农业税，为了避税，很多农民选择抛荒。对于抛荒田地的处理方式是将其交由村集体管理，再次分配给其他农民。当改革农业税费政策后，选择抛荒的农民又来要回自己的耕地，造成土地产权归属的矛盾。这种矛盾在土地确权时比较普遍。

第二轮延包遗留下的一些问题增加了土地确权登记难度，所遗留的问题主要有以下6类：一是由于前期土地流转没有书面合同，土地流转被误以为是土地的转让，土地承包权在确权时归属到土地流入方，导致确权错误。二是土地承包合同的真实性有疑问，在签订承包合同时，村干部工作不认真，为了省事，当农户外出务工、不在家时，代替其本人签订合同。三是土地承包经营权证书的内容填写不准确，如土地面积的信息有误差，面对土地过于零碎分散的情况时，只记录其中面积相对大的土地信息。四是土地承包经营权证书有两份，分别是1998年和2004年颁发的，2004年二轮延包时颁发土地承包经营权证书，未能将1998年的证书完全收回禁用，造成土地权利归属的混乱。五是土地承包经营权证书未发放到每户农民家中，有些地区土地确权工作开展不到位，土地承包合同、经营权证书是按照税费任务来填写的，存放在村小组。六是某些地区土地确权工作中涉及的登记表、合同等档案资料丢失，主要是当地工作人员和工作场所的变动造成的。

（二）苏、皖、浙地区土地承包经营权确权登记差异性分析

尽管苏、皖、浙地区土地承包经营权确权工作在制度背景、政策理念、技术方法及主要问题上存在诸多共性，但通过深入对比分析发现，不同地区在土地承包经营权确权登记中，结合自身地区环境特征，形成了各具特色的土地确权方式与经验做法，这些经验模式也为其他地区土地确权登记工作提供了现实参考。

1. 以"确权、赋能、搞活"为主线的武进模式

武进区作为第二批全国农村改革试验区，确立了农村土地制度改革"确权、赋能、搞活"三步走的整体思路，以土地承包经营权流转管理与服务规范创新为改革突破点。在武进区土地确权登记颁证试点工作中，首先，逐步完善土地承包经营权的登记管理、新型农业经营主体扶持和准入、土地流转风险控制等制度，提高土地承包经营权的灵活性，保障农民的土地承包经营权收益。其次，加快深化"农村土地经营权入股发展农业产业化经营"改革，采用"农户＋农地股份合作社＋农民专业合作社""农户＋农地股份合作社＋农业龙头企业"等运行模式，鼓励农户以土地经营权进行入股经营，确保取得更多的收益。最后，发挥土地承包经营权的抵押贷款作用，提高农民的信用水平，为农民获取生产经营资金提供便利，促进农民增收致富。

2. "鱼鳞册"古为今用的休宁县模式

安徽黄山市休宁县将"鱼鳞册"的土地确权登记方式古为今用，不仅将明清时期"均图鱼鳞册"地籍管理方法思想得以传承与发扬，同时利用"鱼鳞册"的土地确权方式方法有效解决土地承包经营权确

权的现实难题。"鱼鳞册"土地确权方式之所以能够在休宁县得以沿用，主要基于以下原因：

（1）为解决荒芜山地界限不清晰的问题。休宁县处于安徽省南部地区，相邻省份是浙江、江西。休宁县的地形地貌以山地为主，具有山区县的典型特征，大量的山区地面积给土地确权颁证工作带来了极大难度，同时也极大增加了测绘工作量和测绘成本，休宁县是针对山区荒芜茶园多、四至不清、指界难等问题，在古人思想的基础上，创新土地确权方式方法，现场指导各地制作"鱼鳞册"，解决四至不清问题，杜绝确权确股不确地现象发生。

（2）休宁县具有丰富的历史文化资源，坚持学习和传承历史文化。休宁县是徽商、徽文化的重要发源地，从东汉建安十三年建县以来，共有 19 名状元，享有"中国第一状元县"的美誉。休宁县一直将《均图鱼鳞图册》的地籍管理思想世代传承，当我们在调查中提及"鱼鳞册"，休宁县政府基层工作人员与村庄里的长者都能讲述一些关于《均图鱼鳞册》的历史。休宁县悠久的历史文化底蕴与自古重视教育的理念，使得其徽文化得以长久传承，并能够古为今用，使《均图鱼鳞册》的史料价值与资政育人作用得以极大发挥。

3. 以机制创新为支撑的兰溪模式

兰溪市通过建立农村地籍调查数据库、土地纠纷调解机制与土地登记代理机制等创新方式，为推动确权工作有效开展提高了重要支撑。在农村地籍调查数据库的构建上，注意准确界定土地的位置、面积和权利归属。兰溪市组建独立的非官方的纠纷调解组织，为解决农民的土地纠纷，积极提供法律援助。此外，通过引入土地登记代理机制，使长期在外务工农户，通过委托代理公司全程参与确权工作，极大地提高了土地确权工作的效果和效率。

六、本章小结

在对苏、皖、浙地区实地走访调查的基础上，本章具体分析了样本地区现行土地确权工作的各自进展情况、存在的主要问题及经验做法。在此基础上，着重对苏、皖、浙地区农村土地承包经营权确权登记情况进行了对比研究，通过比较分析发现：第一，苏、皖、浙地区农村土地承包经营权确权工作，基于农地所有权、承包权和经营权分离运行的背景下，并遵循"三权分置"的土地确权逻辑；第二，不同地区间土地确权中尚存在土地权属争议引致矛盾纠纷、历史遗留问题影响确权工作进程等共性问题；第三，三地在土地承包经营权确权登记中，结合自身地区环境特征，形成了以"确权、赋能、搞活"为主线的武进模式、"鱼鳞册"古为今用的休宁县模式与以机制创新为支撑的兰溪模式。

第七章

中外农村土地产权登记制度比较与经验启示

一、中外农村土地产权制度比较与经验启示

（一）中美农村土地产权制度的比较

1. 美国农村土地产权制度

美国拥有优越的农业资源和独特的农地产权制度，劳动生产率较高，农业的规模效益较为突出。美国农村的土地类型较多，有农场地、宅基地、森林、沼泽与矿山等。美国的土地确权制度具有一定的独特性，是经历很长时间的演变而形成的。最初，美国以土地私有制为主，将土地分配给私人，个体可以拥有土地的产权；美国私人所有的农村土地，分布在中东部的平原地区，约占58%，主要用于农业生产；剩余的农村土地则为国家所有，大部分是林地、草地、沼泽、矿山等不适宜用来从事农业生产的土地。国家所有的土地分别属于联邦政府、州政府和地方政府。就土地经营形式而言，美国国有土地以租佃形式经营，而私有土地则自己生产经营。国家土地的租佃形式保留国家对土地的所有

权，将土地的使用权以租佃方式交给农户，让农户从事农业生产活动（韦加庆，2010；张换兆，等，2008）。

美国农地制度的重要经营模式是家庭农场，其在农业的发展过程中起着至关重要的作用（肖娥芳，祁春节，2015）。总体上来看，美国家庭农场的数量在不断减少，相应的规模在扩大；具体来看，可以根据所有制结构和组织形式将美国的家庭农场划分为不同的类别。依据所有制结构，美国家庭农场有业主农场和佃户农场两种形式：业主农场的土地有可能是完全自有产权，也可能存在一部分租赁的土地；佃户农场的土地则完全是租赁所得；业主农场和佃户农场在家庭农场中的比重不同，约88%的家庭农场是业主农场。就组织形式而言，家庭农场有私人制、合作制与公司制三种形式，其中私人制的家庭农场的比重较高。由此可见，现代美国农村土地产权制度以私有制为主，农场主或农户拥有大部分土地的所有权。

此外，美国制定了《联邦土地政策和管理法》《国有草地牧场改良法》等一系列法律。可以看出，美国的土地制度相关的法律体系较为健全，能够明晰、规范农场主或农户享有的土地私有产权，从而为农场主或农户享有相应权利提供保障。

2. 中美农村土地产权制度的差异性

美国是资本主义国家，土地呈现私有制。中国和美国农村土地确权制度的差异性有以下几个方面：

（1）中国和美国农村土地所有制性质具有差异性。中国实行土地集体所有制，而美国的农村土地既存在私人所有也存在国家所有。美国大部分农田归农户或农场主所有，剩余的小部分土地归联邦政府、州政府和地方政府所有。

（2）中国和美国农村土地制度的主要载体有区别。中国农村土地制度的主要载体是小农户。而美国农村土地经营制度的主要载体是家庭农场。

（3）中国和美国农村土地所有产权归属具有差异性。中国农村土地三权分置下，土地所有权归集体，农村土地承包经营权归村集体成员农户所有。美国土地私有者拥有不受干扰和侵犯的土地转让、租赁、抵押和继承等权利。

（二）中英农村土地产权制度的比较

1. 英国农村土地产权制度

英国国土面积有 24.41 万平方公里，总人口 6400 万（2014 年），由多个小岛组成，有英格兰、苏格兰、威尔士等。1099 年土地法指出，英国的土地所有权属于英王或国家，土地的使用权或占有权属于私人，如个人、企业、机构团体等。目前，农场使用权是英国农村土地确权制度的核心（滕卫双，2014）。

英国土地制度历史悠久，拥有完善的管理体系，主要经历了初始、转折、兴盛、稳定四个阶段的变迁（王晓颖，2013）。

（1）初始阶段。中世纪，由于经济发展水平较低，英国缺少明确界定土地所有权的法律，法律规定所有的土地都属于国王。需要注意的是，国王不能作为个人拥有土地。由此可见，英国早期缺乏有关土地管理的法律，仅有的法律也并不完整。

（2）转折阶段。圈地运动之后，农场从事生产的方法有所改进，在一定程度上提高劳动生产率和农业产出；土地所有权从国家所有转变为私人所有；土地租金上涨，地主和农场主之间的收入分配比例发生变化；亨利八世时期，没收、拍卖修道院地产，同时颁布一些规定，不允许以任何方式支配土地权利。这些做法和规定使得封建王朝失去对土地的掌控权利，实现土地私有权。最后，出现土地流转的雏形，为土地权利的流转创造了条件，对英国土地所有权变革具有重要的促进作用。

（3）兴盛阶段。17 世纪到 19 世纪期间，英国敞田制被废除，确立土地私有产权的强制性制度。英国土地私有产权在法律上得到体现，对于英国土地制度的发展具有重要的意义。

（4）稳定阶段。20世纪，英国土地集中化、规模化越来越明显，标志着土地关系发生变化。以传统的租佃式为主的土地经营模式逐渐被淘汰，以自主经营为主的土地经营模式成为农户选择的主要方式，发展迅速。之后，英国土地制度的发展基本进入稳定的状态。

2. 中英农村土地确权登记制度的共性与差异性

中国和英国农村土地确权制度所体现的目标和方向是一致的。农村土地确权制度都提倡大规模经营，解放农村生产力，发展农业产业，促进农村经济的繁荣和发展。

中国和英国农村土地确权制度的差异性有以下几个方面：

（1）农村土地权利的配置不同。英国制定《城乡规划法》，设立土地发展权制度，实现土地权利配置的动态转变。目前中国的土地权利配置逐步由静态向动态转变。农权土地发展权集中体现在土地利用性质的变更方面，即农用地转化为建设用地的权利制度。农村建设用地"入市"、土地股份合作制与农户承包地退出机制改革推进，将有助于推动我国农村土地发展权利良性运行。

（2）农村土地确权方式不同。英国是以土地利用为准的确权方式。在中国，不同地区间农地确权实际操作方式存在差异，代表性做法有两种：一种是直接按照二轮承包时的土地台帐进行"四至"确定，确权后农地面积与承包地农户实际经营面积基本保持一致；另一种是先进行土地整治，调整合并地块后再确权。

（三）中日农村土地产权制度的比较

1. 日本农村土地产权制度

日本与中国类似，都属于人多地少的情形，自然资源人均占有量短缺。日本目前的农村土地制度为私有制，以小规模家庭经营为主。近20年的不断努力，取得了较好的发展成效，率先实现了农业现代化、工业化和城镇化。现今日本的农村土地制度是经过多次改革才最终确立的，大体经历了以下几个阶段（陈汉平，2014）。

（1）第一阶段：土地改革确立农民私有制（1945年~1960年）

日本确立土地私有制度的标志是在明治新政府成立时，一些私人的领地被政府承认，土地的市场交易也被允许。政府在土地改革中发挥重要作用，将地主的土地收购后，向土地较少甚至没有土地的农户出售。这标志着封建半封建土地所有制的废除和自耕农制度的建立。农户拥有土地的所有权和使用权，土地的经营模式转变为小规模的家庭经营。统计数据表明，1950年，日本自耕农的耕地面积达到90%，说明大部分耕地农户拥有土地的所有权和使用权。此外，农户所用土地的规模普遍较小，基本在3町以内，也体现出日本农地小规模家庭占有和经营的特征。1952年，《农地法》的制定在法律上规定了农民的土地权利。

（2）第二阶段：鼓励土地所有权流转（1961年~1968年）

第一阶段的农村土地改革赋予农民土地所有权和使用权，且限制农户土地的占有规模，农村土地的占有出现分散的情况，在一定程度上影响农业规模经营，经营效率较低。1961年，日本制定《农业基本法》，鼓励土地流转，对土地流转的限制条件做出调整，鼓励农户流出或流入土地，尽可能地将土地集中化，实现规模化生产，提高生产效率。1962年，《农地法》对农户拥有土地的多少做出调整，放开农户占有土地的上限，只要家庭内的劳动力能够承担生产负荷，农户占有土地可以大于3公顷。

（3）第三阶段：采取措施改善规模经营的效果（1969年~1992年）

第二阶段鼓励土地所有权流转，但扩大经营规模的效果不明显。在第三阶段，日本将土地所有权、经营权与使用权分离，提供较多措施改善规模经营的效果。例如，在土地买卖、租赁时，取消农户或农地经营主体的土地面积要求，且劳动力雇佣的限制也被取消；进一步放松对土地流转的管理，地租价格重新设定，土地租赁双方的协调和解约等事项不再需要当地管理部门的同意；提倡当地的农地委员会提供土地租赁中介服务；放宽农村土地经营主体的限制条件。这些措施极大地提高了日本农地的流转效率。农村土地制度的关注焦点转向土地的利用效率（郭红东，2003）。该阶段，日本制定相应的法律，为土地制度的确定提供保障。具体为：1969 年制定的《农振法》，保护土地质量不被破坏，控制农业土地的用途；1970 年制定的《农地法》，允许土地租赁，加快土地流转；1980 年制定的《农用地利用增进法》，部分农村土地允许被集体使用、改善村落。

2. 中日农村土地产权制度的共性和差异性

中日农村土地确权制度的共性主要表现在以下几个方面：

（1）家庭经营模式。农村土地采用家庭经营模式，与农业生产特点相匹配，且农户非常愿意以家庭经营的方式进行农业生产。在农业生产经营过程中，家庭经营模式的投入产出比最高，主要是因为以家庭为单位从事农业生产，对于农户的激励程度较高，农户会自觉地积极生产，极大降低监督农户的成本。纵观古今中外的实践结果，可以发现家庭经营是一种有效的农业经营方式，既满足传统农业的发展需要，也满足现代农业的发展要求，适应性较强。传统农业单纯依靠人的劳动，而现代农业则以采用先进的生产方式，并且强调利用科学技术。因此，农地改革以来，日本和中国都始终坚持采取家庭经营模式。

（2）农民所占有的土地规模较小。虽然日本自 1960 年开始鼓励实现农村土地的规模化生产，但是效果不理想。首先，农户占有的土地规模较小，约 70% 的农户仍然只占有 1 公顷以下的小规模土地。其次，农户的土地经营规模小，土地流转未能取得较好的成效，约 50% 以上的土地仍然集中在小农户手中。中国的农户土地经营规模也较小，甚至出现不断缩小的情形，主要是因为我国人口数量较多，农村土地流转的比例不高。

中日农村土地确权制度的差异性主要表现在以下几个方面：

（1）农村土地所有权的性质不同。日本农村土地是私有化制度，且一直以来没有改变；而中国农村土地所有制度经历多次改革，在不断发生变化。

（2）农村土地产权的获得方式不同。自 1960 年开始，日本提倡农村土地产权的市场化交易，并建立相应的法律来保障。在日本，农民的土地产权是通过市场交易机制获得的。而中国则是不允许农村土地产权在市场上进行交易的，农民获得土地产权是由户籍决定的，家庭人口数量增加和耕地面积的变动会导致土地产权的行政性变化。因此，日本和中国的农地产权获得方式不一样。

（四）国外土地产权制度的经验启示

中国农村土地确权工作已开展了一些时日，在工作过程中市场遇到一些难题。比如，农村土地的权利归属难以确认、农村土地的边界不知如何划定和信息化管理水平较低。上述国外有关农地确权的经验，对中国农村土地确权工作有着重要的借鉴意见。

1. 明确农民土地所有的主体地位。土地私有制是国外实行土地改革的主要方向，但中国的土地改革需符合中国国情，因而难以完全实行土地私有制。从中国的国情出发，应该在保证国家拥有土地最终所有权的基础上，让农民享有土地的使用权、经营权。

2. 让农民拥有明晰、稳定和完整的土地产权。从美国、英国、日本的土地改革可以发现，农民是否拥有明确的土地产权对农业的发展至关重要。清晰、稳定的土地产权能够提高农民农业生产的积极性。在我国，农村土地的所有权归集体，土地的承包权归农民，且农民所拥有的土地承包权还存在不稳定的因素。

3. 建立农村土地发展权制度。农村土地发展权指变更土地使用类别的决定权，建立农村土地发展权的出发点在于保护农村土地。英国从公平的角度建立国有化的土地发展权制度，是最早建立土地发展权制度的国家。美国从效率的角度，制定私有化的土地发展权制度。借鉴美国的土地发展权制度，我国在建立土地发展权制度时，可以根据土地的所有权性质，分别赋予国家和集体，既能从国家层面保证土地管理的公平性，又能从农民层面保证土地管理的效率性，激励农民保护耕地。

4. 完善农村土地确权管理制度。科学的产权结构、完整的确权工作体系、明确的操作规范和较强的可操作性，是农村土地确权工作的根本。因此，中国农村土地确权管理工作应从组织、经费与规范体系等方面展开。在组织方面，充分发挥政府部门的领导作用，对各部门的工作内容进行明确的规定。在经费方面，给予充分的经费支持，保证农村土地确权登记颁证工作的有效开展。在规范体系方面，努力加强农村土地管理的法律体系建设，保证农村土地确权工作有法可依。建议可以在我国开展以下具体事项：建立包括农村土地的面积、质量与权属关系等基本信息的地籍管理档案；明确各主体的权利、责任以及各主体之间的利益分配；完善监督机制，监督农村集体如何使用农村土地的租用所得资金；完善农村土地确权纠纷处理机制，主要采用法律手段解决纠纷。

二、中外农村土地登记制度比较与经验启示

（一）土地登记制度的分类

随着社会的发展，国外土地登记制度已逐步成熟完善。不同的历史

背景、社会文化和政治制度，导致各个国家和地区所采用的土地登记制度不尽相同。总体看来，土地登记制度分为契据登记制度、权利登记制度和托伦斯登记制度三大类。下面将分别对三种土地登记制度的内容和特点进行详细介绍，并进行比较分析（刘婧娟，2011）。

1. 契据登记制度

契据登记制度是在法国首先创立的，称为法国登记制度，登记对抗主义是契据登记制度的另外一种命名。登记是权力有效的充分不必要条件，说明土地的相关权利在登记之后生效，没有登记的权利无法律效力。但是土地的相关权利不一定要求必须登记，登记机关设计土地登记簿，用于记录契据上的具体信息，第三人可以通过土地登记簿知晓土地权利的状态。由此可以看出，契据登记制度仅仅按照契据记载土地权利的状态，如实描述土地权利交易的过程。

1795 年，法国建立不动产公示制度。该制度要求组建登记机构，登记抵押权人的权利及行为，然后向公众公示。抵押权人的权利及行为登记在特定的登记簿上，登记簿分为注册登记簿和产权转移登记簿两种。

1855 年，再次制定相关法律调整土地登记制度。该法律认为若土地物权没有经过登记，则无法受法律保护。1935 年对法律规定做出更改并发布；1955 年，不动产公示制度调整相关规定，对不动产的权利登记、公示程序等进行了修改。至此，法国土地登记制度的框架基本已完善。

我国的香港和澳门地区均采用契据土地登记制度，此外，日本、欧洲（法国、意大利、比利时）等，都在使用这种登记方式。契据土地登记制度的特点如下：

（1）权利登记采取形式审查主义。登记机构只负责审查契据的形式，依照契据内容将土地或不动产物权记载于登记簿。土地权利人、土地面积、位置与边界等都参照契据内容，不由登记机关审核。若契据所记载事项存在偏差，登记机关不予过问和赔偿。

（2）权利登记无公信力。土地登记簿上登记的权利事项，并不可信，不动产的产权归属需要根据实体法来判断。若法律规定土地登记簿上的权利归属是不合法的，则将其认定为不成立。政府没有要求必须登记土地的相关权利，是否登记完全由交易双方自行决定。需要注意的是，土地权利没有登记的情况下，不可以对抗第三人。

（3）土地登记簿的编制采用人的编成主义。契据登记制的土地登记簿编制以土地权利人的登记顺序为主，而不是按照土地进行编制；土地权利登记后，不发放权利证书。该种登记簿的编制方法，很难反映某一土地的整体交易信息，影响土地交易的效率。

2. 权利登记制度

权利登记制度，又被称为德国登记制。权利登记制度规定，土地物权的取得、丧失与变更，必须在登记机关登记之后才有效。关于土地权利的登记，权利登记制度要求登记机关在登记相关信息之前，必须对登记信息进行实质性的审查。

中世纪以来，德国已具有十分完备的土地登记制度。《德国民法典》的制定表明当时德国国家对不动产权利的关注以及相关法律规定的重视，也说明德国将土地权利保护作为实现其组织和管理职能的重要方向。《德国民法典》要求强制登记不动产权利，且国家政府部门需全力配合。在不动产登记工作上，德国制定了许多法律法规，为土地登记工作的开展提供保障。这些法律的制定时间都比较久远，但至今仍然在使用。

目前，德国、瑞士、荷兰以及奥地利等国家在使用权利登记制度。这种土地登记制度有如下特点：

（1）权利登记需进行核实审查。登记机关记录土地权利相关信息时，首先需要审查登记材料是否正确，然后需要对土地权利的变动情况进行核实，只有确认土地权利的相关信息属实才可登记。因此，登记机关有进行土地权利相关信息核实的权利。登记过程中如果由于登记部门人员的粗心、过失等原因造成错误，由国家予以一定的赔偿。

（2）登记具有公信力。权利登记制度中，公众可以信赖已经登记的土地权利。法律规定土地登记需强制执行，没有经过登记的土地权利状况是不具备法律效力的，也就是说，登记簿所登记的土地权利状况，是具备绝对法律效力的。

（3）土地登记簿的编制采用物的编成主义。土地登记簿的编写顺序是土地的编号顺序，并不是以登记顺序进行编制。所以，土地登记簿的编制采用物的编成主义。

（4）不颁发土地权利证书。土地权利事项登记之后在契据上进行标注，不发放土地权利证书。

3. 托伦斯登记制度

托伦斯登记制度在 1858 年制定，又称为澳洲登记制度、权利交付主义。托伦斯登记制度和权利登记制存在一些共性：首先，要求对土地权利的相关信息审查核实之后才可登记。其次，登记簿采用物的编成主义。登记簿的登记顺序为宗地而不是登记当事人所拥有的土地。土地权利的相关信息在登记机关登记之后，土地权利的享有者将获得土地权利证书或者地券。土地经过市场交易发生权利转移时，为明确土地权利状况，当事人之间需签订转让契据。此时，登记机关要求提供转让契据和权利证书才可进行重新登记。重新登记后，土地的受让方会得到新的权利证书，或者是修改后的原始权利证书。当发生土地边界变化时，必须重新进行土地权利的登记。

目前，澳大利亚、加拿大、英国等使用托伦斯登记制度。这种土地登记制度有如下特点：

（1）权利登记需进行核实审查。登记机关记录土地权利相关信息时，首先需要审查土地权利登记的相关材料，然后需要审查土地权利的实际情况。在确保土地权利登记信息没有错误时，才能登记在登记簿上。由此可见，登记机关必须在登记土地权利时进行严格的核实审查。

（2）登记具有公信力。在登记簿中登记的土地权利是具有公信力的。法律规定土地登记需强制执行，没有经过登记的土地权利状况是不具备法律效力的，也就是说，登记簿所登记的土地权利状况，是具备绝对法律效力的。托伦斯登记制度没有强制要求当事人进行土地权利登记。但是对于已经登记过的土地，要求其发生土地转让或变动时必须登记。

（3）托伦斯登记制度设有赔偿基金。登记机关登记的土地权利具有法律效力，若登记机关记载事项发生错误，导致权利人的利益遭受损失，权利人可以获取相应的赔偿。登记机关通常设有赔偿基金，用于补偿权利人的损失。

（4）颁发土地权利证书。托伦斯登记制度规定在土地权利登记后，向权利登记人发放证书，作为享有土地权利的凭证。该土地权利证书一式二份，一份交给登记人，一份留存在登记机关。

4. 三种土地登记制度的比较

契据登记制度、权利登记制度与托伦斯登记三种制度所有具备的特点有一些区别，下面将从审查制、登记对象、是否强制要求登记、有无土地权利证书和登记簿以何种方式编制等方面，比较分析三种土地登记制度（胡胜国，2011），如表7-1所示。

从审查制、登记对象与公信力来看，契据登记制度的登记对象是契据，仅仅生产登记材料的正确性，不会对土地权利的实质进行审查，不具备公信力。而权利登记制度和托伦斯登记制度的登记对象是权利，即采用实质审查的方式，对土地权利的真实情况进行审查，因而具有公信力。

从登记的强制性来看，权利登记制度要求权利当事人必须进行登记，否则没有法律效力。而契据登记制度和托伦斯登记制度均没有强制要求当事人进行土地权利登记。但是对于已经登记过的土地，托伦斯登记制度要求其发生土地转让或变动时必须登记。

表 7 - 1　三种土地登记制度的对比

登记制度	审查制	对象	公信力	强制性	登记簿	证书
契据登记制	形式审查	契据	无	无	人的编成	无
权利登记制	实质审查	权利	有	有	物的编成	无
托伦斯登记制	实质审查	权利	有	无	物的编成	有

从登记簿的编制方式来看，契据登记制度按照土地权利人的登记顺序进行编制，而权利登记制度和托伦斯登记制度按照土地进行编制。

相对而言，三种制度中托伦斯登记制度较优。托伦斯登记制度颁发土地产权证书，并且设置保险基金用于赔偿损失。

（二）国外土地登记制度

1. 英国土地登记制度

（1）登记制度

土地权利登记制度在英国经历了复杂的演变，经历了从契据登记制度到权利登记制度再到强制权利登记制度的过程。目前英国所采用的是权利登记制度。土地登记的权利包括绝对产权、有限产权、占有产权或有效的租赁保有产权。土地权利登记是为了简化土地交易流程，特别是所需的法律程序。英国的土地权利登记制度规定必须对土地权利状况进行实质性的审查，手段为参考地图确认和实地考察确认。土地权利人在进行登记时，需要提供相应的材料证明其权利的真实性（杨鑫，2016）。

英国的土地登记内容包括土地产权归属、土地上的房屋。在土地上存在房屋的情况下，土地权利证书上除了需要注明权利归属，还需用文字和图形注明土地上的房屋。

英国开展土地登记管理工作的法律依据是《土地登记法》，该法律于 2002 年制定颁布。在土地登记法的基础上，英国制定出相应的土地登记各项规则和条例，为土地管理登记工作提供强有力的法律支撑。依据相关法律规定，英国的土地登记制度具有强制性。土地产权交易必须办理登记事宜才能生效，登记事宜是由登记机关负责。需注意的是，签订产权交易合同后，办理登记事宜有时间限制，对于权力登记人来说是两个月内，对于登记机关来说是 19 个工作日。

（2）登记机关

英国 1862 年组建土地登记机关，土地权利人自愿到登记机关办理登记；1896 年，英国出台条例规定发生土地交易活动必须进行登记。英国土地登记机关负责英格兰和威尔士地区土地所有权的登记工作，为土地所有权登记和土地交易提供服务，登记机关的级别为非部委政府部门，由英国内阁司法大臣主管。

英国土地登记机关主要负责土地登记的统一管理。首先，审查核实土地所有权；然后，进行登记；最后，颁发土地权利证书。在土地市场交易发生权利转移时，登记机关办理过户、更换权利证书。具体来说，土地登记机关的任务如下：

①建立稳定、高效的土地登记系统；

②保障已经登记过的土地权利的法律效力；

③建立现代化的处理系统，掌握准确的土地信息，保障土地产权和土地交易的安全。

（3）登记内容

英国土地登记内容具体包括以下几个方面：

①登记土地的所有权归属情况，土地产权分为绝对的、有限的与占有的等。

②登记土地的具体位置、建筑物以及建筑物的权利归属。

③登记土地所有权人的信息，包括姓名、常住地址和不动产处理权限。

④登记土地是否有贷款、抵押与设典等情况；

⑤登记土地、房屋的交易价格。

4. 登记程序

英国土地登记需要遵循一定的程序：

①土地购买方委托律师，向土地登记机关咨询拟购不动产的具体情况；

②土地购买方决定是否购买。若决定购买，则由双方代理律师商讨并签订交易协议；

③提出申请，登记土地权利事项；

④登记机关对提交的申请进行实质性的审查，审查通过后才能登记和制作土地证书；

⑤土地权利登记人应缴纳相应费用；

⑥登记机关颁发新制的土地证书，收回旧的土地证书，并将其作失效处理。新制的土地证书副本存放在管理部门。

2. 日本土地登记制度

（1）登记制度

日本土地登记制度历史悠久，1886 年 8 月 11 日，日本公布《登记法》，共 41 条内容，是现在日本土地登记法的原型；1899 年 2 月 24 日，公布《不动产登记法》推动日本土地登记制度的形成。土地登记与法律效力不存在必然联系，即不强制要求进行土地登记。在日本，土地登记不具有公信力（魏双，张明久闻，2015）。

（2）登记机关

登记所是日本进行土地登记的部门，由法务省内部的民事局组建而成。日本法务省是中央垂直领导的，地方政府没有设置法务机构的权利。法务机关的级别设立、每个级别的管辖区域，不是按照行政区域来划分的。按照土地登记法和其他相关土地登记的法律，法务省部门是单独、专门进行土地登记的，与其他任何行政部门无关。日本土地登记机关的各个部门都具有不同的义务和职责，能够很好地为土地登记管理工作服务，对于土地登记制度的实施，具有十分重要的促进作用。

登记人员需对登记申请进行书面审查和实际调查。书面审查主要是查看所提出的登记申请是否与法律的相关规定相符；实际调查主要是实地勘测申请人申报的土地所有权，审查登记材料与实际事实是否相符。

(三) 中外土地登记制度的比较

目前我国的土地登记制度与权力登记制度相类似，同时也兼具了托伦斯制度的某些特点。相较于多年前，我国的土地登记制度已经取得较大的发展（熊玉梅，2014），但仍存在一些不足。具体表现为：

1. 我国土地登记缺乏科学、系统、统一的法律体系，没有一部完整的《物权法》和《土地登记法》。特别的是，有关农村土地产权登记的法律法规更加缺乏，且现有规定严重滞后，不能满足农村发展的需求，因此，农村有大量的土地无法确认产权，农村土地登记制度建设落后。

2. 我国土地登记的机构分散、规范性不足。土地登记工作分散在多个行政部门，结构分散，管理复杂，给登记和查阅带来不便。此外，分散的登记机关之间任务和权利划分不清，合作程度有限，难以保证登记工作的规范性，同时也对登记信息的完整性和统一性造成严重威胁（赵丽丽，2012）。

3. 我国土地登记制度尚未充分发挥保护交易安全的效力。土地登记效力通常体现在公示和保护交易安全上。我国的土地登记效力体现为土地管理监督，还未能充分保证土地交易的安全性。

4. 我国土地登记机关未建立完善的责任机制。我国土地登记制度中尚未建立明确的土地登记错误赔偿机制。土地登记工作中存在错登、漏登的现象，没有明确规定如何应对登记错误。

（四）国外土地登记制度的经验启示

1. 制定科学系统的土地登记法律体系。国家立法部门必须制定科学的、有效的与统一的土地登记法律。按照法律法规，依据法律法规，对土地所有权进行统一登记。

2. 设立高效合理的登记机构。这样做可以提高土地登记的工作效率，方便土地登记资料的查询。

3. 建立规范完善的登记程序。土地登记程序是否规范完善直接关系到土地登记内容的正确性，应努力建立规范完善的土地登记程序，如土地登记申请制度的建立、土地权利状况的审查与土地登记簿的查阅规定。土地权利登记时，登记机关人员除审查登记资料以外，还应对土地权利状况进行实地调查，确保登记信息的准确性，从而保证土地登记的效力。记载土地权利状况的登记簿应向公众开放，通过查阅可以对土地登记的情况起到监督作用。

4. 建立登记责任赔偿机制。科学完善的责任机制，能够保证土地登记制度的效用得以充分的发挥。应建立土地登记机关的登记责任与赔偿机制，维护国家登记制度的公信力，保障土地交易安全，健全土地登记制度。建立责任追究机制，让登记机关和相关人员了解其义务和责任，为保障土地权利归属人的利益提供支持。登记人员直接负责土地登记的具体工作，其工作能力和态度直接影响土地登记工作的质量。因此，应重视提高登记人员素质，比如制定土地登记上岗资格和土地登记代理资格制度。

5. 引进先进的土地登记技术。土地登记簿记载的内容不仅是土地权利，还包括与土地权利相关的信息，如土地类型、土地边界、土地面积与土地价值等。为了正确记录这些相关信息，我们需要使用一些先进的技术，包括测绘技术、计算机技术和办公自动化技术等。先进的土地登记技术，能够实现土地登记信息的数字化管理，为登记信息的查询和共享提供可能。需要注意的是，在引进先进技术时，要统一标准，避免出现不统一的登记信息。

三、本章小结

本章首先介绍了美国、英国、日本的农村土地产权制度，分别分析其与中国农村土地产权制度的共性和差异性，从而得出一些有益启示。主要有：明确农民土地所有的主体地位、赋予农民明晰、稳定和完整的土地产权、建立农村土地发展权制度以及完善农村土地确权管理制度。其次，对比分析契据登记制度、权利登记制度和托伦斯登记制度的特点，找出三种土地登记制度的共性和差异性。将英国、日本选为代表，分析其与中国土地登记制度的共性和差异性。提出中国土地登记制度的改革建议，包括：制定科学系统的土地登记法律体系、设立高效合理的登记机构、建立规范完善的登记程序、建立登记责任赔偿机制和引进先进的土地登记技术等。

第三篇 **03**

农村土地股份合作制改革下
土地确权的后续影响研究
（应用篇）

第八章

农村土地经营权入股试点改革现状：以武进区为例

一、常州市武进区土地经营权入股改革背景

江苏省常州市武进区自 2014 年 11 月被批准为第二批全国农村改革试验区以来，承担了农业部委托的"农村土地承包经营权流转管理""农村土地经营权入股发展农业产业化经营"等改革试验工作任务。2015 年 2 月份，武进区根据农业部安排，承担土地经营权入股发展农业产业化经营任务。根据目标要求，区积极创新、大胆探索，改革试验工作按计划、按要求逐步推进。目前，武进区已试点探索土地经营权入股农民专业合作社模式两例：洛阳镇汤墅农地股份合作社以 603 亩土地经营权作价 260 万元，入股组建汤墅农副产品专业合作社；嘉泽镇跃进农地股份合作社以 1184 亩土地经营权作价 2000 万元，入股组建西太湖花木专业合作社。

武进区围绕解决农村土地碎片化、农业兼业化与人地关系紧张等问题，以落实集体土地所有权、稳定土地承包权和放活经营权作为改革主线，积极探索构建了农地经营权入股的多重保障机制，从而有效提升了农地集约化利用效率，这将为农业提质增效、激发富民强村活力等增添

新动力。

二、常州市武进区土地经营权入股改革创新机制

（一）创新设立农地经营权入股市场准入机制

为规范自然人（农用地流入方）、工商企业流转农业用地行为，引导土地经营权依法健康的有序流转，武进区建立了自然人和工商企业流转农地市场准入机制。一是划定准入界限。明确自然人、工商企业进入农业鼓励什么、限制什么与禁止什么的政策界限，以此优化要素资源配置，推动传统农业加速向现代农业转型升级。二是明确准入条件。规定对用地规模在50亩以上的自然人、工商企业实行资质准入制度，原则上自然人流转控制在300亩以内、企业流转控制在1000亩以内，并分别公布了流转农地的自然人、工商企业所应具备的准入资质。三是严格准入流程。土地经营权流转给自然人、工商企业，在流转合同签订前，由发包方对自然人、工商企业的农业经营能力以及经济实力和流转用途等情况进行审查。经审查具备从事农业生产基本条件、生产经营能力和符合产业发展规划的，予以准入；审查未通过的，原则上不予准入，并以书面形式告知申报人或单位。

（二）建立农地经营权流转指导价格发布机制

为促进土地流转交易公平公正，根据土地区域、产业特点，武进区建立了农村土地流转指导价格发布机制。一是科学划分土地类别。按照农村土地等级、肥力、位置与地区等差异，考虑不同的生产经营项目，将农村流转土地分为耕地、水面和四荒地3大类别，其中：耕地按生产

经营项目划分为粮食生产、苗木等 6 个类别，水面按生产经营项目划分为精养鱼塘、特种养殖与一般养殖 3 个类别。二是广泛建立价格观测点。根据农业产业分布情况，在每个镇选择 3 个村总计 30 个村作为观测点，并在各观测点聘请 1 名信息员、各镇聘请 1 名审核人专门对土地流转价格进行调查、统计与审核，并给予一定的经费补助。三是合理确定指导价格。各观测点按照全面、准确和真实的原则，调查统计辖区范围内土地流转情况，主要包括：农户个人之间土地流转口头协议或书面合同，农民专业合作社、种田大户与家庭农场等新型农业经营主体签订的流转合同等，然后根据实际流转价格和流转面积加权计算出观测点各类土地的指导价格。四是定期发布指导价格。在江苏省统一的农村产权交易平台"常州市武进区农村产权交易所"门户网站上定期发布价格，每年在 5 月上旬更新发布夏熟土地流转指导价格，10 月上旬更新发布秋熟土地流转指导价格。

（三）构建农地经营权价值的科学评估机制

研究制订承包土地经营权价值评估办法，培育和发展有资质的中介评估机构，开展土地经营权价值的科学评估，以此作为土地流转、入股和抵押等经营活动的重要依据。一是明确评估机构。农村土地经营权价值评估机构由专业评估机构、中介评估机构共同组成。专业评估机构由农村土地承包管理部门选择相应人员组成；中介评估机构实行注册准入制度，只有符合相关条件并通过专项培训才准许在武进区范围内开展农村土地经营权价值评估。二是设定评估方法。①收益法，将待估农村土地未来各期正常年纯收益，以适当的土地还原率还原，从而估算出待估农村土地作物生产价值（生产经营总价值＝年均价值×经营期限×土地面积）；②比较法，根据替代原理，将待估农村土地与近期（5 年以内）市场上已发生交易的类似农村土地进行比较，并对类似农村土地的经营权价格进行适当修正，以此估算待估农村土地价值（土地经营权总价值＝市场年均价值×修正系数×经营期限×土地面积）；③成本法，以新开垦农村土地或土地整理过程中所耗费的各项客观费用之和为主要依据，再加上一定的利息、利润、应缴纳的税金和农村土地增值收益，并进行各种修正来确定农村土地价值。三是加强结果运用。对工商资本到农村流转土地的、土地承包经营权入股的与超过一定面积土地流转的，严格要求实行价值评估，根据评估结果对相关流转行为进行审核，保障流转双方的合法权益。目前，已完成两个试点单位的土地承包经营权入股价值评估。

（四）建立农地经营权入股风险防范与信用评价机制

一是建立风险提示机制。针对土地承包经营权入股可能面临的市场、自然等多重风险，通过制订入股参考章程和明确告知入股农民可能存在的经营风险，增强农民的风险意识。二是建立控制风险机制。入股农民通过以行政村为单位组建土地股份合作社，再通过土地股份合作社入股合作社或企业，经营风险由土地股份合作社承担，入股农民不用承担风险。三是建立基本保障机制。土地股份合作社的收益分配，采取"保底收入＋分红收入"的形式，充分保障入股农民的基本权益。

武进区全面启动了家庭农场、农民专业合作社信用评级试点，建立健全完善、规范、有序与有效的新型农业经营主体信用体系，构建以诚信文化为核心、以信用制度为载体、以信用记录为依托、以信用监管为手段的信用培育、成长和维护机制。一是完善信息征集体系。多渠道建立信息征集机制，采取数据报送、上门采集与信息系统联网共享等多种方式征集信息。按照先易后难、稳步推进的思路，多渠道、多方式整合各类信用信息资源，建立新型农业经营主体的信用档案，实现信息的持续更新。二是建立信用评价机制。依托信息征集体系，推动建立包括镇

（街道）、村（社区）及各相关部门、金融机构等共同参与的信用评定组织与工作机制；根据家庭农场、农民专业合作社不同对象的特点，健全符合新型农业经营主体特点的指标体系和信用评定制度，提高科学性、公正性和透明度，大力推进"诚信家庭农场""诚信农民专业合作社"的评定与创建；鼓励中介机构按照市场化原则，参与新型农业经营主体的信用评级工作。三是建立信息共享平台。建立新型农业经营主体信用信息数据库，形成数据库与网络相结合的信息服务平台。从金融机构需求出发，通过在线网络联通、报表与报告等方式，将新型农业经营主体的信用信息、信用评级结果与分析报告等向金融机构通报，支持金融机构发现客户，更有效地管理信用风险。武进区建立信用信息通报制度，确定公布信息的内容、时间与方式，通过网络或新闻媒体向社会公布新型农业经营主体的信用信息，逐步形成集政府部门政策信息、金融机构产品与服务信息、中介机构服务信息、农业生产经营信息和融资需求信息为一体的综合性平台。四是强化信用信息应用。该区制订新型农业经营主体信用评级结果运用指导意见，引导金融机构对评级优良的新型农业经营主体实行贷款利率优惠、提高授信额度、降低贷款门槛且提供优质服务，充分发挥信用引导信贷资金配置的正向激励作用。区政府相关部门对评级优良的家庭农场、合作社优先安排财政奖补项目，对评级较差的原则上应不新安排财政奖补项目。

三、武进区土地经营权入股模式中存在的问题

在城乡一体化发展大背景下，推进农村土地经营权入股模式改革与创新，需要对相应的入股模式经营机制、政策激励机制以及存在矛盾冲突的土地制度进行适当地调整与变革，摒除与农村经济、城乡一体化发展不相适应的框架，引入创新元素与保障机制，以实现土地股份合作制

度的最优绩效。从常州武进区土地经营权入股改革实践来看，尚存在"入股出租化"、政策激励不足与土地制度冲突等亟待完善的现实问题。

（一）土地经营权入股存在"入股出租化"倾向

在调研中笔者发现，目前包括武进区在内的部分试点地区，土地经营权入股合作社模式中，存在"入股出租化"的倾向。实践中，多数农地股份合作社采取"保底收益＋分红"的收益分配方式，社员农户最主要的保底收益相当于租金，而入股分红收益则多为象征性的，即"名为入股，实为出租"。这在一定程度上反映了农地经营权入股改革在实践探索中，存在发展目标取向模糊、股份合作利益分配机制不健全等问题。以土地经营权入股农民专业合作社模式为例，在合作社成立初期阶段，农业生产前期投入大，而生产周期相对较长，往往没有任何收益，更谈不上有利润。即使正式运营以后，市场的风险性也难以确保农户享受持续增长的分红收益。实践中，为确保农户土地产权收益稳定增长，合作社对农户承诺的分红收益，类似于浮动租金每年按固定比例增加。尽管短期内这种利益分配方式，确保了农户享有稳定土地产权收益，但这与"风险与收益共担"的股份合作制原则相背离，考虑到合作社经营中也会面临各自风险，稳定增长的"固定＋浮动租金化"入股收益分配机制缺乏可持续性。

此外，合作社对入股农户的稳定增长的"固定＋浮动租金化"入股收益，也取决于入股合作组织的"自觉性"，浮动租金尚未量化比例和金额，缺乏利益分配机制约束，因而农户分享产业化增值收益缺乏制度保障，使得农地股份合作社成员权利效能与出租户基本无差异，进而导致农户"想退就退"的现象频现。

（二）涉农企业参与土地经营权入股的激励不足

建立土地经营权入股有限责任公司模式的核心目标：一是让入股农户分享到农业产业化的增值收益，增加其财产性收入；二是建立龙头企业与入股农户间长期稳定的土地利用关系，提高农地资源配置效率和持续化发展。第一个目标反映了入股农户的核心利益诉求，也是农地股份制改革的政策指向；第二个目标则反映了入股企业的利益诉求，稳定的土地利用关系是其农地适度规模经营与产期投资的保障。上述两个目标同时兼顾，不可偏废，否则土地经营权入股难以持续进行。

从调查情况来看，武进区试点改革探索中，多数涉农企业多对土地经营权入股有限责任公司（涉农企业）模式持谨慎态度，主要出于以下原因：首先，初具规模的龙头企业其经营模式合利益分配机制已形成，土地经营权入股龙头企业意味着这些企业的股权结构将产生变化，直接影响企业初始股东的利益；其次，在农地经营权入股试点阶段，考虑确保农户土地经营权入股能够获得稳定收益，通常企业被要求支付稳定的"保底收益"以及持续稳定增长的"分红收益"，这就大大增加了涉农企业经营成本，使得土地经营权入股的交易成本要高于土地租赁成本，这是降低企业土地经营权入股意愿和积极的重要因素。此外，实践中，在农地入股有限责任公司模式中，涉农企业通过入股方式获得了土地经营权，其权能不完整。例如"龙头企业不得用入股土地经营权进行抵押融资"甚至成为入股协议的"标准条款"。这使得龙头企业期望通过入股获得稳定土地利用关系、拓展土地经营权权能的基本利益诉求难以实现，进而影响其入股积极性。

（三）土地经营权入股中的制度冲突问题

农地经营权入股有限责任公司模式中，尚存在农民股东"保底收益"的支付与公司法律"无利润不得分红"的强制性规定之间的冲突。实践中,包括常州武进地区在内的多数地区,对于入股农户实行"保底收益"模式,这种利益分配方式满足了农户土地生存保障功能需求,符合现实国情和农村实际,因此在入股改革实践中应予以坚持。然而,按照公司法的有关规定,"无利润不得分红"是公司法律制度的强制性规范,农地股份经济组织只有在符合法律所规定的分红的财务条件时,才能对农民股东进行"保底收益"分配,因此农地股份经济组织分红的条件并不随着其成立而自然具备。例如,在起步阶段,由于农业生产投入周期较长,一些农地股份经济组织往往没有任何收益,利润更是无从谈起,入股农户也难以获得分红收益;即使正式运营以后,由于市场、自然环境等风险性,也难以确保农地股份经济组织股东分红条件的始终成立。为确保入股农户的基本权益,许多农地股份经济组织在不具备分红的财务条件时,会动用公司资本支付"保底收益",这显然是法律的强制性规定所禁止的。因此,如何化解农民股东"保底收益"的支付与法律的强制性规定之间的冲突,是入股实践提出的重要课题。

针对上述问题,一些地区探索了非农民股东的垫付制度,即当农地股份经济组织的财务条件尚未达到分红条件时,由非农民股东垫付农民股东"保底收益"。非农民股东实际垫付的"保底收益"可在以后年度以土地股份经济组织可分配利润进行偿还。这样既保证了入股农户的"保底收益"的支付,又避免了与法律制度的冲突,值得借鉴。

四、本章小结

本章围绕常州市武进区土地经营权入股改革试点实践,展开了对武进区的土地经营权模式、创新举措及存在问题的系统分析。武进区在土地经营权入股改革中,积极探索构建了农地经营权入股市场准入机制、农地经营权流转价格发布机制、农地经营权价值评估机制、农地经营权入股风险防范与信用评价机制。但实验探索中尚存在"入股出租化"倾向、涉农企业参与土地经营权入股的激励不足和土地经营权入股中的制度冲突等问题，将直接影响城乡一体化资源要素配置效率与城乡居民收入差距缩小化目标的实现。

结合土地经营权入股改革的政策目标，为有效化解改革实践探索中存在的问题，本文认为推进土地经营权入股改革的着力点在以下方面：首先，要建立入股农户"按股分红"利益分配机制，让农户"真正"而非"象征性"地分享到产业化的增值收益，真正实现农地收益利益共享；其次，应通过规范合同程序建立龙头企业与入股农户之间长期稳定的土地利用关系，并对通过法律手段提升和拓展龙头企业对土地经营权享有的权能，使入股企业获得比租赁更为稳定和更为充分的土地经营权。

第九章

农村土地承包经营权入股对象意愿及行为的影响因素分析

　　农村土地经营权流转，是实现土地集约化、规模化经营，加快农业现代化发展的有效途径。以入股方式流转土地经营权是对现有土地流转方式的重大突破，更有利于维护土地经营及农民增收的长期性与稳定性（吴越、吴义茂，2011）。自 2015 年土地经营权入股发展农业产业化经营试点实施以来，由于立法相对滞后、农民权利缺乏保障与相关配套制度不完善等问题，使得土地经营权入股试点工作进展缓慢，良好的政策环境及配套保障制度是土地经营权入股能否顺利推行的重要前提。那么，现实中哪些政策环境究竟对农户土地经营权入股意愿及行为有何影响？土地经营权入股的各政策环境究竟对农户的意愿及行为倾向影响程度如何？对上述问题的研究，将为土地经营权入股政策的完善提供重要参考。关于土地经营权入股研究，学者们主要从入股模式（吴越、吴义茂，2011）、规制机理（张理恒等，2014）、法律应对（杜田华，2017）和问题及对策（杜志勇，2015）等宏观层面展开。而微观层面，农户作为土地经营权入股的权利主体，其意愿直接影响土地经营权入股进程。大多数研究通过问卷调查和访谈来了解农民的意愿，在定性分析基础上构建二元回归模型定量分析。结果表明农户的个人特征（武林芳、高建中，2011）、家庭特征（张明忠、钱文荣，2014）、地区差异（张笑寒，2008）及社会保障程度（乐章，2010）等都对农户土地经营权入股意愿产生不同程度的影响。

纵观已有文献，鲜有从政策环境视角探寻农户土地经营权入股意愿及行为影响因素的研究，而涉及政策环境因素对农户土地经营权入股意愿的研究又多从理论层次进行分析。例如，刘西涛、王炜（2012）认为以农户为政策激励对象才能畅通政策影响途径；而宁勇敢（2015）提议政策激励要逐步退出土地流转，加强政策管理。笔者认同政策环境对农户土地经营权入股意愿有显著影响，并且认为：①农户土地经营权入股意愿影响其决策行为；②不同政策对农户土地经营权入股意愿及行为的影响也不尽相同，应在实证层面对政策环境因素展开定量研究。基于此，本文将以经济较发达的常州市武进区为例，利用426份农户调查数据，采用双变量 Probit 模型，将具有相关关系的农户入股意愿及行为同时作为因变量纳入实证分析当中，并引入政策环境因素，将农户个人特征及家庭特征作为调节变量，实证分析政策环境对不同农户群体入股意愿及行为的影响，为制定土地经营权入股政策提供有益参考。

一、数据来源与统计描述

（一）数据来源

本研究的数据来自课题组于 2017 年 7 月～9 月期间对常州市武进区典型村镇的抽样调查与访谈。样本的选取标准是：结合课题研究内容，综合考虑区域经济发展水平、土地经营权入股试点情况、农户家庭及土地经营现状及调研成本等因素。根据样本范围，分别选取了常州市武进区土地经营权入股两个试点镇——嘉泽镇、洛阳镇以及两个非试点镇——雪堰镇、黄里镇；上述典型乡镇选取 2～3 个有代表性村庄，并在每个村随机抽样调查农户 50 户左右，进行入户问卷调查和深度访谈。此次调研内容主要包括：农户个体与家庭信息、土地经营情况与农户土地经营权入股政策认知，农户参与土地经营权入股意愿及行为等。调研共取得农户数据 450 份。根据研究目的，在进一步检验问卷有效性并剔除无效问卷后，共筛选出 426 份有效农户样本数据。

（二）样本特征描述

问卷总体调查结果显示，426 份有效样本中，77.93% 的受访者有土地经营权入股意愿，64.79% 的农户已经参与了土地经营权入股。通常，户主在农户家庭农业技术采用决策中起主导作用，调查农户户主性别男性比例为 80.05%，平均年龄为 52.58 岁，与样本地区农村居民实际情况相符；调查对象中户主具有初中级以上文化水平的占总样本的 96%。从家庭特征来看，79.3% 的农户家庭近三年人均年收入达到两万元以上，与 2016 年武进区农村居民人均收入水平相符；家庭土地确权后平均面积、地块数量分别为 3.7 亩、1.64 块，样本地区单个农户家庭土地经营面积规模总体偏小，相较于有限的土地面积，土地块数较多，土地分散化程度仍较高，这与武进区农业用地紧张、人均耕地面积不足的实际情况相符。此外，样本农户中，家庭经营为纯农业或以农业为主的农户，仅占样本总数的 14.8%，说明样本地区农户非农程度较高，这也符合武进区农村居民发展的实际情况。综合以上情况来看，此次调查样本具有一定的代表性。

二、理论基础与研究假设

根据有限理性的经济人假设，在不同环境与制度框架下，农户通常都会根据自身条件计算成本收益，比较效益大小，最终形成自己的制度偏好（许恒周、郭中兴，2011）。当有理想的政策引导时，农户往往选择积极应对；而当政策不符合农户的心理预期时，农户往往消极应对。因此，土地经营权入股各政策环节，即政策的制定、土地的流转管理、地价的评估、入股分配与防范风险等，都可能对农户土地经营权入股意愿及行为产生影响。

（一）政策稳定性对农户土地经营权入股意愿及行为的影响

1. 法律地位稳定性

法律通过激励或惩戒对人进行调整，进而影响人的行为或行为倾向。法律是实现自由、秩序、公平和正义的重要保障（王睿，2008）。目前，《农村土地承包法》及《物权法》中涉及经营权的内容均是从土地承包经营权的角度进行阐释，但土地经营权并非土地承包经营权，二者不可混淆（杜田华，2017）。因此，明确土地经营权入股的合法性会使农户得到公平正义的法律保障，从而使其对土地经营权入股这项举措更加信赖。基于此，提出假设 H1：明确的土地经营权法律地位及其入股合法性正向影响农户土地经营权入股意愿及行为。

2. 土地产权稳定性

农户作为"理性经济人"，其总在权衡长期、短期利益之后，做出对自己最有利的决策行为。当农户对现有的产权制度安排越满意时，就会越容易接受并做出积极的响应。土地确权可以强化土地经营权的物权属性，提升土地派生价值，减少交易不确定成本，提高农户对土地流转的价格预期。实证研究发现，土地确权使农户参与土地流转的可能性显著提升（付江涛等，2016）。基于此，提出假设 H2：稳定的土地产权正向影响农户土地经营权入股意愿及行为。

（二）流转管理政策对农户土地经营权入股意愿及行为的影响

由阿根廷的两所大学和哈佛法学院在阿根廷 San Francisco Solano 进行的研究表明：占有土地者中其"权利得到证明"要比"权利未得到证明"的、对房屋进行改进的可能性提高许多。可见，土地管理主体的"权利认证"是土地占有者享有土地价值的一种重要凭证。规范的土地经营权入股合同可以增强农户的安全感，从而促进其流转意愿（李景刚等，2014）；使用统一的土地经营权流转范式合同文本可以减少土地经营权流转中不必要的纠纷（封铁英、高鑫，2014）。基于此，提出假设 H3：规范的土地经营权入股合同正向影响农户土地经营权入股意愿及行为。

（三）地价评估政策对农户土地经营权入股意愿及行为的影响

根据资本确定原则，公司成立时必须确定其注册资本，以确保公司有一定的资产用于偿还债权人的债务。《公司法》第 27 条规定，对作为出资的非货币作价的财产应当评估作价，核实财产，不得高估或者低估作价。在土地经营权入股中，保证土地经营权的价值评估结论的客观性和科学性，对农户土地经营权入股意愿往往影响深远。基于此，提出假设 H4：合理公正的地价评估程序正向影响农户土地经营权入股意愿及行为。

（四）入股分配政策对农户土地经营权入股意愿及行为的影响

土地入股模式和收益分配方式是否合理，直接影响农户的利益（伍贤斌等，2011）。由于公司的运营具有风险，而农户普遍对风险的承受能力偏低，且目前我国土地承包经营权仍然具有事实上的生存保障功能，因此存在保底分红可以解除农户的风险顾虑（吴义茂、吴越，2013）。基于此，提出假设 H5：存在保底分红的入股分配政策正向影响农户土地经营权入股意愿及行为。

（五）防范风险政策对农户土地经营权入股意愿及行为的影响

由于农业经营必然存在风险，农户将土地经营权入股有限责任公司有存在经营不善甚至破产倒闭的可能。农户应被赋予土地经营权的有限购买权，以防公司破产造成的入股农户失地情况，同时为防范农户入股风险，需建立"土地承包经营权入股保险"（吴义茂、吴越，2011）；农地在中国承担着农民生计、就业和养老等多重保障功能，因此，保障农户的利益是推进土地经营权入股的关键；新农保政策的实施可以弥补土地传统保障功能，使农户更愿意土地流转（封铁英、高鑫，2014）。基于此，提出假设 H6：有效的入股防范风险政策正向影响农户土地经营权入股意愿及行为。

三、不同特征农户参与土地经营权入股
意愿及行为分析

（一）户主个人特征与其土地经营权入股意愿及行为分析

愿意或不愿意及实际上入股或未入股农户户主，在年龄、文化程度、职业等方面均存在差异（表9–1）。

表9-1　户主个人特征与农户土地经营权入股意愿与入股行为比例

特征	描述	愿意		不愿意		入股		未入股	
		数量（人）	比重（%）	数量（人）	比重（%）	数量（人）	比重（%）	数量（人）	比重（%）
年龄	18~30岁	9	2.1	1	0.2	6	1.4	4	0.9
	31~40岁	34	7.9	7	1.6	29	6.8	12	2.8
	41~50岁	118	27.7	22	5.2	90	21.1	50	11.7
	51~60岁	122	28.6	19	4.5	111	26.1	30	7.0
	60岁以上	49	11.5	45	10.6	40	9.4	54	12.7
文化程度	小学及以下	6	1.4	10	2.4	2	0.5	14	3.3
	初中	164	38.5	44	10.3	130	30.5	78	18.3
	高中	103	24.2	31	7.3	93	21.8	41	9.6
	大专及以上	59	13.6	9	2.1	51	11.9	17	4.0
职业	非农生产人员	245	57.5	70	16.4	204	47.9	111	26.1
	农业生产人员	87	20.4	24	5.6	72	16.9	39	9.2

　　户主年龄在41岁~60岁具有土地经营权入股意愿的农户占样本总数的56.3%，同一年龄段户主参与土地经营权入股的比例占47.2%；户主在初中及以上文化程度的农户，愿意参与土地经营权入股的占比78.3%，同时具有土地经营权入股行为的农户占52.3%，表明户主文化程度越高，其土地经营权入股意愿与实际发生入股行为的比例较高。在户主职业特征中，非农业生产人员的土地经营权入股意愿和入股行为明显高于农业生产人员，分别为57.5%、49.7%。

（二）农户家庭特征与其土地经营权入股意愿及行为分析

　　表9-2反映了农户家庭特征与农户土地经营权入股意愿与入股行为比例。

表 9 - 2　农户家庭特征与农户土地经营权入股意愿与入股行为比例

家庭基本特征	描述	愿意		不愿意		入股		未入股	
		数量（人）	比重（%）	数量（人）	比重（%）	数量（人）	比重（%）	数量（人）	比重（%）
家庭劳动力人数	2 人及以下	220	51.6	47	11.0	188	44.1	79	18.5
	3~4 人	109	25.6	41	9.6	87	20.4	63	14.8
	5 人及以上	3	0.7	6	1.4	1	0.	8	1.9
家庭非农化程度	纯农业	6	1.4	6	1.4	3	0.7	9	2.1
	农业为主	36	8.5	16	3.8	23	5.4	29	6.8
	非农业为主	76	17.8	25	5.9	57	13.4	44	10.3
	非农业	214	50.2	47	11.0	193	45.3	68	15.9
家庭近三年人均纯收入	20000 元及以下	63	14.8	25	5.9	52	12.2	36	8.5
	20001 元~40000 元	188	44.1	59	13.9	158	37.1	89	20.9
	40001 元~60000 元	55	12.9	8	1.9	43	10.1	20	4.7
	60000 元以上	26	6.1	2	0.5	23	5.4	5	1.2
确权土地面积	5 亩及以下	269	63.2	74	17.4	223	52.4	120	28.2
	5 亩~10 亩	58	13.6	16	3.8	49	11.5	25	5.9
	10 亩~15 亩	4	0.9	4	0.9	3	0.7	5	1.2
	15 亩以上	1	0.2	0	0.0	1	0.2	0	0.0

在家庭特征中，愿意和实际参与土地经营权入股的农户家庭劳动力人数在 2 人及以下的比重明显高于不愿意的农户，高出比例分别为40.6%、25.6%，这表明家庭劳动力越少的农户越倾向于土地经营权入股经营。调查数据显示，样本农户中非农程度越高越倾向于将土地经营权入股，其中家庭从事非农业经营的农户愿意与参与土地经营权入股的比例分别为 50.2%、45.3%。家庭近三年人均收入水平在 20001 元 ~ 40000 元的农户，对土地经营权入股具有较高意愿和参与行为。家庭土地确权面积在 5 亩及以下的农户，土地经营权入股意愿与参与行为比例

分别为63.2%、52%，说明土地规模越小的农户更倾向于将土地经营权入股经营。

（三）政策环境特征与农户土地经营权入股意愿及行为分析

表9-3 政策环境因素与农户土地经营权入股意愿与入股行为比例

政策环境	描述	愿意		不愿意		入股		未入股	
		数量（人）	比重（%）	数量（人）	比重（%）	数量（人）	比重（%）	数量（人）	比重（%）
是否为入股试点村	是	184	43.2	30	7.0	178	41.8	36	8.5
	否	147	34.5	65	15.3	98	23.0	114	26.8
土地经营权入股政策是否稳定	是	295	69.3	48	11.3	252	59.2	91	21.4
	否	37	8.7	46	10.8	24	5.6	59	13.9
土地经营权入股是否影响产权稳定性	是	120	28.2	80	18.8	91	21.4	109	25.6
	否	212	49.8	14	3.3	185	43.4	41	9.6
所在村流转合同是否规范	是	318	74.7	90	21.1	265	62.2	143	33.6
	否	14	3.3	4	0.9	11	2.6	7	1.6
所在村土地评估价格是否合理	是	263	61.7	58	13.6	233	54.7	88	20.7
	否	69	16.2	36	8.5	43	10.1	62	14.5

续表

政策环境	描述	愿意		不愿意		入股		未入股	
		数量（人）	比重（%）	数量（人）	比重（%）	数量（人）	比重（%）	数量（人）	比重（%）
土地经营权入股分配方式	固定租金	73	17.1	29	6.8	66	15.5	36	8.5
	保底＋分红	221	51.9	55	12.9	181	42.5	95	22.3
	按股分红	25	5.9	5	1.2	21	4.9	9	2.1
	一次性付清	13	3.1	5	1.2	8	1.9	10	2.4
风险保障金是否有效	是	291	68.3	30	7.0	259	60.8	62	14.6
	否	41	9.6	64	15.0	17	4.0	88	20.7
投保总额	1000 元及以下	61	14.3	16	3.8	51	11.9	26	6.1
	1001 元～5000 元	54	12.7	20	4.7	41	9.6	33	7.8
	5001 元～10000 元	70	16.4	27	6.3	64	15.0	33	7.8
	10001 元～15000 元	39	9.2	11	2.6	32	7.5	18	4.2
	15001 元～20000 元	56	13.2	10	2.4	47	11.0	19	4.5
	20000 元以上	52	12.2	10	2.4	41	9.6	21	4.9

从政策环境特征因素来看（表 9－3），总体上，土地经营权入股试点村农户的入股意愿和实际参与行为高于非试点村。其中在土地经营权入股意愿上，试点村与非试点村农户的差异不大，前者仅高出 8.7%。而在有土地经营权入股行为方面，试点村与非试点村农户的这一比例差异较大，到达 18.8%。相比缺少积极有效的政策环境的非试点村，试点村在积极政策的宣传、引导下，农户土地经营权入股意愿与行为发生比例更高。认为土地经营权入股政策具有持续稳定性的农户土地经营权入股意愿和行为发生比明显高于持相反观点的农户，高出比例为 60.6%、53.6%；认为土地经营权入股会影响其产权稳定性的农户，

对土地经营权入股意愿与行为表现了较低参与倾向，分别为 28.2%、21.4%，所在村土地流转合同较为规范、土地评估价格较为合理的农户对土地经营权入股意愿与参与行为比例也相对较高。在农户土地经营权入股分配政策倾向方面，愿意参与实际参与土地经营权入股的样本农户中，选择"保底 + 分红"利益分配方式的农户占较大比例，分别为 51.9%、42.5%。认为土地经营权入股风险保障金政策有效的农户，其入股意愿和行为占比明显高于持相反观点的农户。总体上，投保金额在 5001 元 ~ 10000 元的农户相比其他投保水平的农户，表现出略高的土地经营权入股意愿和行为。

四、模型设定与变量说明

（一）模型设定

农户土地经营权入股意愿与行为亦为二分离散选择变量，即 $y_1 = 1$，表示农户愿意将土地经营权入股；$y_1 = 0$，表示农户不愿意讲土地经营权入股；$y_2 = 0$，表示农户有土地经营权入股行为；$y_2 = 0$，表示农户没有土地经营权入股行为。为分析各因素对农户土地经营权入股意愿与行为的影响，本文建立 Probit 模型如下：

$$P（y_1 = 1）= \Phi（\beta_1 + \beta'_2 X_1 + \varepsilon_1） \tag{1}$$

$$P（y_2 = 1）= \Phi（\beta_2 + \beta'_2 X_2 + \varepsilon_2） \tag{2}$$

（1）（2）式中，X_1、X_2 表示影响农户土地经营权入股意愿和行为的各因素，β_1、β'_1、β_2、β'_2 为相应的估计系数，ε_1 和 ε_2 为服从二元联合正态分布的随机扰动项。本文研究所建模型的因变量为土地经营权入股意愿与参与行为。

（二）变量选取

已有研究表明，影响农户土地经营权入股意愿和行为的因素包括：耕地面积、土地质量与灌溉条件等内的资源特征，包括农民的年龄、文化程度、家庭劳动力数量及主要收入来源、家庭非农收入占比、兼业化程度等在内的个体及家庭特征，土地产权、信贷约束等制度特征的因素。

表 9 - 4 　变量定义及预期影响方向

变量分类	被解释变量	变量描述	平均值	标准差	预期
户主特征变量	户主年龄	户主实际年龄（周岁）	52.577	10.861	−
	户主文化程度	小学及以下 =1，初中 =2，高中 =3，大专以上 =4	2.596	0.798	+
	户主职业	国家机关、党群组织、企事业单位负责人 =1，专业技术人员 =2，军人 =3，商业服务人员 =4，一般工作人员 =5，农业生产人员 =6，其他 =7	5.606	1.552	+
农户家庭特征变量	家庭劳动力人数	劳动力人数（人）（女：16 −55 岁；男：16 −60 岁）	2.303	1.010	−
	家庭非农化程度	纯农业 =1，农业为主兼营其他 =2，非农业为主兼营农业 =3，非农业 =4	3.434	0.813	+
	家庭近三年人均纯收入	0 − 20000 元 =1，20001 −40000 元 =2，40001 −60000 元 =2，60001 元以上 =4	2.073	0.783	+
	家庭确权土地面积	确权土地面积（亩）	3.705	2.129	−

续表

变量分类		被解释变量	变量描述	平均值	标准差	预期
政策环境特征变量	政策稳定性	土地经营权入股政策是否稳定	是＝1，否＝0	0.805	0.397	＋
		土地经营权入股是否影响产权稳定性	是＝1，否＝0	0.469	0.500	＋
	流转管理政策	所在村土地流转合同是否规范	是＝1，否＝0	0.958	0.201	＋
	地价评估政策	土地评估价格是否合理	是＝1，否＝0	0.754	0.431	＋
	入股分配政策	最合理的土地经营权入股分配方式	固定租金＝1，保底＋分红＝2，按持股比例分红＝3，一次性付清租金＝4，其他＝5	1.915	0.688	－
	风险防范政策	风险保障金政策是否能够有效防范风险	是＝1，否＝0	0.754	0.431	＋
地区特征变量		是否为入股试点村	是＝1，否＝0	0.502	0.501	＋

　　综合上述经验研究结论和本研究所要探索的实际问题，本文在分析农户土地经营权入股意愿与行为的影响因素时，将引入户主特征、家庭特征、政策环境变量与地区特征变量四类。这些解释变量的含义、描述性统计分析及其对被解释变量影响方向的估计详见表9－4。被解释变量为农户是否愿意土地经营权入股和农户是否参与了土地经营权入股。

五、农户土地经营权入股意愿及行为的影响因素实证分析

（一）模型拟合结果分析

根据前文设定的农户土地经营权入股倾向的两个测度指标，本文运用 Stata12.0 统计软件，采用二元 Logit 模型分别对农户土地经营权入股意愿（模型1）和农户土地经营权入股行为（模型2）的影响因素进行了分析。重点考察了农户户主及家庭特征、政策环境特征等因素对农户土地经营权入股意愿与行为的影响。为了提高模型预测的准确性，本文首先采用容忍度（TOL）和方差膨胀因子（VIF）2 个指标进行多重共线性检验。结果显示：模型1与模型2中自变量的 TOL 值均在 0.572 ~ 0.980 之间，远大于 0.1；VIF 值在 1.02 ~ 1.75 之间，远小于 10。表明两个模型的自变量之间不存在明显的多重共线性问题。从模型1与模型2 的回归结果（见表9－5）来看，对数似然函数值分别是 -117.738 和 -150.568，伪 R 方值分别为 0.476 和 0.455，且在 1% 的水平上显著，表明两个模型的整体拟合结果均较好。

（二）实证结果的经济学含义与可能的原因分析

1. 户主特征情况的影响。户主年龄特征对农户土地经营权入股意愿与行为均有负向影响，且分别在 1%、5% 的水平上显著，与预期相符。可能的原因是户主较为年轻的农户一方面对新事物接受更快，另一方面选择务农的可能性更小，因此愿意将土地经营权入股的比例高于户主年龄稍大的农户。户主受教育程度在 1% 的水平上显著对农户土地经

营权入股行为有正向影响，符合预期假设。通常农户户主受教育程度越高，其选择参与土地经营权入股的可能性越大，良好的教育水平有助于增强农户对土地经营权入股的认知、理解以及土地经营权入股方式的成本收益做出合理预期，进而有助于提高其土地经营的权入股行为。

表9－5　回归模型参数估计结果

自变量分类	自变量	模型 I		模型 II	
		估计系数	z 值	估计系数	z 值
户主特征变量	户主年龄	− 0.058 ***	− 5.72	− 0.019 **	− 2.16
	户主文化程度	0.051	0.39	0.419 ***	3.41
	户主职业	0.093	1.60	0.076	1.46
农户家庭特征变量	家庭劳动力人数	− 0.186 *	− 1.90	− 0.121	− 1.42
	家庭非农化程度	0.069	0.59	0.358 ***	3.39
	家庭近三年人均纯收入	0.277 *	1.95	0.126	1.13
	家庭确权土地面积	0.003	0.08	− 0.004	− 0.10
政策环境变量	政策稳定性　土地经营权入股政策是否稳定	0.658 ***	2.61	0.217	0.82
	土地经营权入股是否影响产权稳定性	− 1.236 ***	− 5.60	− 0.629 ***	− 3.58
	流转管理政策　土地流转合同是否规范	− 0.422	− 0.85	− 0.112	− 0.26
	地价评估政策　土地评估价格是否合理	0.232	1.13	0.663 ***	3.63
	入股分配政策　土地经营权入股分配方式倾向	− 0.015	− 0.11	− 0.040	− 0.32
	风险防范政策　风险保障金政策是否能够有效防范入股风险	1.414 ***	5.79	1.616 ***	6.75

自变量分类	自变量	模型 I		模型 II	
		估计系数	z 值	估计系数	z 值
地区特征变量	是否为入股试点村	−0.212	−0.89	0.678***	3.48
模型 I	LR chi2（15）= 214.160 Log likelihood = −117.738		Prob > chi2 = 0.000 Pseudo R2 = 0.476		
模型 II	LR chi2（15）= 251.600 Loglikelihood = −150.568		Prob > chi2 = 0.000 Pseudo R2 = 0.455		

注：＊＊＊、＊＊、＊分别表示估计系数在1%、5%、10%的水平上显著。

2. 家庭特征情况的影响。家庭劳动力人数对农户土地经营权入股意愿具有负向影响，且在10%的水平显著，符合预期。家庭劳动人数越少的农户，从事农业生产经营的劳动力资源相对越缺乏。在此情况下，相比自给自足经营，将土地经营权入股方式对其更有利。一方面，农户可以从土地经营权入股中获得相对稳定的入股分红收益；另一方面，家庭有限劳动力资源可以寻找其他就业机会，从而获得土地入股之外的其他收益。在1%显著性水平上，农户家庭非农化程度正向影响其土地经营权入股行为，表明家庭非农程度越高的农户越倾向于将土地经营权入股。非农生产经营家庭，其主要收入来源依靠非农业，这就意味着农户投入土地经营的劳动力与精力十分有限，在这种情况下农户更倾向于将其闲置的土地通过入股方式，获得农地财产性收益。家庭近三年人均收入水平对农户土地经营权入股意愿具有正向影响，且在10%的水平上显著，与预期相符。说明农户家庭人均收入水平越高，其土地经营权入股意愿越强。可能的原因是，较高收入的农户其收入来源多以非农生产经营为主，因而对土地经营权入股方式流转意愿更强。

3. 政策环境因素的影响。从模型估计结果来看，假设 H1、H2、H4、H6 均得到了验证。其中在政策稳定性认知方面，在1%的显著性水平上，农户土地经营权入股政策的稳定性预期对其入股意愿具有正向影响，符合假设 H1。这表明农户预期土地经营权入股政策越稳定，其入股意愿越强，可见入股增强土地经营权入股政策的稳定性是提升农户土地经营权入股意愿的关键。

土地经营权入股是否影响产权稳定性变量，对农户土地经营权入股意愿与行为均具有负向影响，且均值 1% 的水平上显著，与 H2 的假设相符。说明认为土地经营权入股会影响到其土地产权稳定性的农户，更不倾向于将土地入股。尽管在经济较为发达常州武进地区，土地承包经营权依然是农户的重要家庭财产，因此能否确保土地产权稳定性是农户选择土地经营权入股的重要前提。地价评估政策中，所在村土地价格评估是否合理，认知变量对农户土地经营权入股行为具有正向影响，且在 10% 的水平上显著，这与 H4 的假设一致。表明农户对所在村土地评估价格越认可，参与土地经营权入股行为的可能性越大，考虑到土地评价价格直接会影响到农户土地入股的收益，因此地权评估是否符合农户心理预期对其入股行为决策具有重要影响。在 1 的显著性水平上，验证了假设 H6。说明农户对风险保障金政策的风险防范认知正向影响着其土地经营权入股意愿及行为，即认为土地经营权入股风险保障金政策有效的农户，其愿意或参与入股的发生概率越大。

4. 地区特征的影响。是否为土地经营权入股试点村这样的地区特征变量对农户土地经营权入股行为具有显著正向影响，显著性水平为 1%，与预期相符。说明土地经营权入股试点村农户参与入股的可能性明显高于非试点村农户。可能的原因是实践中，土地经营权入股试点村是地区推动改革的现行地区，政府对试点村的政策引导、宣传力度相对更大，农户对土地经营权入股的理解和认知程度更高，这有助于提高其参与入股的积极性与可能性。

六、本章小结

本章通过常州市武进区典型村镇的 426 个微观农户数据样本，利用二元 Probit 模型，分别对农户土地经营权入股意愿与参与行为的影响因素进行了实证分析。分析结果表明：第一，77.93% 的受访者有土地经营权入股意愿，64.79% 的农户已经参与了土地经营权入股，表明样本地区多数农户有土地经营权入股倾向；第二，户主年龄、家庭劳动力人数、近三年家庭人均纯收入、政策稳定性认知与风险保障金政策有效性认知等变量，对农户土地经营权入股意愿具有显著影响；第三，户主年龄与文化程度、家庭非农化程度、土地经营权入股是否影响产权稳定性、土地评估价格是否合理、风险保障金政策有效性认知以及是否为土地经营权入股试点村等变量，对农户土地经营权入股行为具有显著影响。

第十章

农村土地确权对土地经营权入股的影响路径分析

在对江苏省常州市武进区土地经营权股份制改革试验试点情况以及土地经营权入股对象的意愿及行为进行调查研究的基础上，本章将进一步探讨两个问题：土地承包经营权确权登记颁证究竟是否会对土地经营权入股产生影响？若有影响，那么具体的影响路径是什么？

一、土地承包经营权确权对农户土地产权认知的影响

（一）土地承包经营权确权对农户土地产权稳定性认知的影响

清晰界定的土地产权或使用权，并且土地财产权得到法律保护，是土地顺畅、有效流转的重要前提。农村土地集体合同权包括人民政府（市）签发的承包地登记表，县（市）乡（镇）村土地承包合同和土地承包合同转让批准书，有效期 30 年。目前，土地承包经营权确权工作在全国各地已基本完成，2018 年中央一号文件进一步明确指出："落实农村土地承包关系稳定并长久不变政策，衔接落实好第二轮土地承包到期后再延长 30 年的政策，让农民吃上长效'定心丸'。"

然而，在过去的 20 年中，农村土地不完整、不稳定的产权导致土地流转交易成本增加，这成了中国农地制度改革的一个显著特征。农地产权不稳定性主要体现在两个方面。首先从农地制度改革相关政策文件来看，加强农民对土地享有的承包经营权一直是中央的基本政策导向，然而，从法律与实际实践考量，农户手中的土地承包经营权并未得到充分、完整界定，特别是对其空间特征、物权属性层面尚未明确的法律表达。其次，土地二轮承包期满后，农户的土地承包经营权将被延长几十年，但因家庭人口变动、迁移或土地被征用等情况，土地往往会在村集体内部进行增减调整。集体成员边界界定不清，土地产权不清晰，加之土地调整使农户手中的承包经营权不稳定，都增加了土地流转的不可预期风险，对土地流转范围与规模造成一定程度的限制，进而影响土地资源配置效率。因此，在土地流转过程中，为使农民的利益免受损害，客观上要求进行土地承包经营权确权（周其仁，2013）。

新一轮农地确权登记颁证从法律程序上实现了农户对土地享有完整、清晰的承包经营权，也进一步强化了农户对土地产权的稳定性认知。相比农村集体经济组织可能凭借其所有权侵蚀农户承包经营权，国家更愿意赋予农民完整的土地产权，这样可以增强农户土地产权稳定性，促进土地流转（钱忠好，2008）。从国家手中获得土地确权证书后，农户土地产权合法性、承包经营权稳定性以及通过市场方式处置农村土地承包经营权的认知将会大大增加，这将会极大提升农户参与农地的流转或入股经营的信心与意愿。

（二）土地承包经营权确权对农户土地产安全性认知的影响

现代产权理论认为，土地产权的安全性对当事人生产经营积极性与交易实现具有显著积极影响。已有研究表明，土地确权颁证是增加农户土地安全性认知的有效途径，因此，有必要从农地产权安全性的角度，考量土地承包经营权确权对农户土地安全性认知影响。Reerink G，et al.（2010）指出土地确权有助于激励农民的房屋改善行为，即使在法律产权安全性不足的情况下，农户也会进行房屋改善投资。Van Gelder J L（2007）对此解释认为，农户对土地征用或侵权行为的主观感知是不安全性感知来源和构建农户行为决策的心理基础，并非完全是法律层面的赋权。

梳理文献发现，土地产权安全性认知对农户农地流转行为的影响主要体现在以下方面：第一，农地产权安全性认知会影响农户农地生产、经营积极性。安全的土地产权会提高农户土地生产、经营及投资积极性，使其农业生产的可能边界扩张。农业生产收益曲线向外移动，进而刺激农户的农地需求，强化农地的"财产禀赋效应"（Thaler，1980），进而会降低农地流转的发生（Lang et al.，2014）。第二，农地产权安全性认知影响农户对土地交易价格的预期。较高的土地产权的安全性，会提高农户土地承包经营权的价格预期，使农地资源稀缺性通过市场交易价格得以充分反映，同时也会提高农户对农地的需求。第三，较高的农地产权安全性有利于降低农地流转交易成本。农地流转交易成本通常主要包括：搜寻交易对象的成本、交易谈判成本、合同签订成本及履约成本等，即信息成本和合约成本。不安全的农地产权会极大地增加土地流转交易中的不确定性与风险，某种程度上提高了农地流转的交易成本（钱忠好，2002），抑制土地流转。马贤磊（2015）指出，农地产权安全性主要是通过生产性效应、交易价格效应和交易成本效应等三种效应来影响农户农地流转行为，农户最终是否流转农地以及流转农地的规模取决于农地产权安全性所产生的三种效应的叠加影响。

二、土地承包经营权确权对农户入股交易成本的影响

（一）土地承包经营权确权对农地入股交易供给市场的影响

土地承包经营权确权是我国土地制度的重要补充和完善，是当前我国土地制度改革的必然选择。从制度经济学视角解析，制度变革或制度安排的一个基本前提是边际收益大于边际成本，那么我国的农村土地承包经营权确权颁证这项制度其成本与收益又如何？土地承包经营权确权是如何影响农地交易成本的呢？土地承包经营权确权对农地交易成本的影响，主要通过确权颁证清晰量化农户承包地产权，影响农地经营权入股供求双方的交易成本，进而影响农地经营权入股发生比率。在土地经营权流转或入股交易中，交易成本越低，土地流转市场交易越频繁，土地流转市场发育程度越高。土地承包经营权确权对农户农地入股交易成本的影响，可以通过分析土地承包经营权确权对农地入股交易供求双方交易成本的影响来反映。

土地经营权入股交易的主要供给方是承包地农户，农户通过确权颁证获得了清晰量化的土地承包经营权，是其进行土地经营权入股交易的提前。土地经营权入股供给市场是由无数单个农地入股农户组成，若单个农户在土地入股中面临流程手续复杂，不能按时获得入股分红收益或收益过低，土地不能按约定时间收回或用途被改变以及其他违约行为，都将极大提高其入股成本，导致农民土地经营权入股意愿下降，进而使整个农地入股交易市场供给减少。土地承包经营权确权颁证，使农户获得了完整的安全土地产权，有利于简化农户经营权入股程序，降低土地入股中对土地丈量、确认及核实的成本。同时农

户持有的土地承包经营权证书，可作为具有法律效力的入股凭证，可以极大降低因产权不清带来的利益纠纷与风险等交易成本，提升农户土地经营权入股意愿。此外，土地确权使农户获得了长期稳定的土地产权，同时也增加了其对土地价值的预期收益，在多种土地流转方式比较中，理性农户会偏向于获得稳定的"保底＋分红"股份制收益，以实现土地收益最大化，在市场导向与利益驱动下土地入股交易供给不断增加。

（二）土地承包经营权确权对农地入股交易需求市场的影响

单个承包地农户将土地经营权入股后形成的规模化经营主体，即家庭农场、农民专业合作社与涉农企业等新型农业经营主体，是农地入股交易中的需求方，获得长期稳定的土地经营权是其形成发展的重要物质载体。对于农地经营权入股需求方而言，以较低交易成本获得稳定的土地利用关系是其基本诉求。土地确权对农地入股需求方的影响包括两方面：一方面，确权后清晰完整的农地产权可以减轻入股农户对产权归属的担忧，也会提高其对农地入股交易价格预期，使农地入股交易价格升高，土地入股交易需求方将面临更高的土地入股交易成本，最终将会抑制市场中对土地的整体需求。另一方面，新型农业经营主体通过土地股份合作制经营方式获得农户经确权的清晰、完整土地产权，有利于同入股农户建立长期稳定的土地利用关系，避免因产权不清引致的纠纷问题，从而有效降低土地入股需求方的交易成本，有利于提升其土地入股交易需求。

三、土地承包经营权确权对农户入股行为倾向的影响

（一）土地承包经营权确权对农户入股行为影响的理论基础

计划行为理论（The Theory of Planned Behavior，TPB）是在理性行为理论的基础上加以延伸而发展成的新的理论研究模式。理性行为理论假设个体行为受意志控制，而实际情况下，个人对行为意志控制往往还要受到许多其他因素的干扰。因而，Ajzen（1985）在理性行为理论的基础上，增加了知觉行为控制变量，从而发展成了计划行为理论。该理论的核心观点是：个体行为并非百分百出于自愿，而是处于知觉行为控制之下，而个体进行某项特定行为的主观概率的判断，反映了其对这项行为的履行意愿。行为态度、主观规范和知觉行为控制三个因素影响行为意向并对行为产生间接影响（如图 10 - 1）。

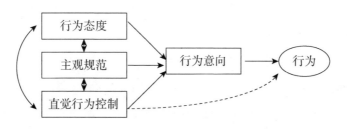

图 10 - 1　计划行为理论结构模型

计划行为理论认为影响个体行为决策的主要因素包括：（1）行为态度（Attitudestoward the Behavior，AB），是指针对某项特定行为，个人持有的正面或负面的感觉，即个人对特定行为的评价经过概念化之后所形成的态度，行为态度越正面，个体行为意愿也就越强；（2）主观规范（Subjective Norms，SN），是指个人对于是否采取某项行为所感受

到的社会压力，即那些对个人的行为决策具有影响力的个人或团体对于个人是否采取某项特定行为所发挥的影响作用大小，个体受到重要他人的支持越强，行为意愿也就越强；（3）知觉行为控制（Perceived Behavioral Control，PBC；或译为"感知行为控制"），反映个人过去的经验和预期的阻碍，当个人认为自己所掌握的资源与机会愈多、所预期的阻碍愈少，则知觉行为控制就愈强，行为意愿也就越强，知觉行为控制既影响意愿，亦能直接影响行为。

计划行为理论的主要观点：（1）非个人意志完全控制的行为不仅受行为意向的影响，还受执行行为的个人能力、机会以及资源等实际控制条件的制约；（2）准确的知觉行为控制反映了实际控制条件的状况，因此它可作为实际控制条件的替代测量指标，直接预测行为发生的可能性（如图10-1虚线所示）；（3）个体拥有大量有关行为的信念，但在特定的时间和环境下只有相当少量的行为信念能被获取（称为突显信念）。

农户土地经营权入股行为是外部政策环境与自身认知、预期共同作用下的结果，其行为意向主要受到其对土地确权颁证与土地经营权入股政策所持的态度（行为态度）、土地经营权入股成本收益预期（知觉行为控制）和其感受到的来自土地所有权主体监督及产权配置本身的约束（主观规范）等影响。因此，可以借助计划行为理论来构建土地确权对农户土地经营权入股行为影响的决策模型，剖析行为态度、知觉行为控制、主观规范对行为意愿进而对农户土地经营权入股行为的影响机制，论证并检验通过构建与农户土地经营权入股相配套的土地确权政策与引导策略，激发农户积极参与土地经营权入股行为。基于此，本研究将应用计划行为理论，分析土地承包经营权确权对农户土地经营权入股行为的影响路径。

（二）土地承包经营权确权对农户入股行为的影响路径

土地承包经营权确权与土地经营权入股政策对承包农户农地流转行为决策的影响，主要通过作用于农户产权认知及其对土地经营权入股的成本收益预期等中介变量实现，因此探明承包地农户产权认知、土地经营权入股收益成本预期与流转行为间的关联是其中关键。本研究依据计划行为理论，将影响承包农户土地经营权入股行为两个关键外部政策环境因素——土地承包经营权确权政策、土地经营权入股政策，与农户土地经营权入股行为决策纳入同一个模型（见图 10-2），分析土地承包经营权确权对承包农户农地产权认知、土地经营权入股收益成本预期（包括主观规范和知觉行为控制的预期）及土地经营权入股倾向、行为等自身心理决策机制的影响路径。

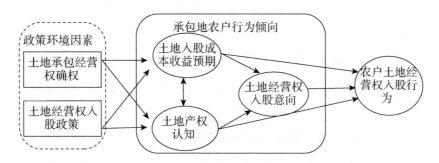

图 10-2 土地承包经营权确权对农户土地经营权入股行为的影响路径

农户土地产权认知可细分为土地产权稳定性与安全性认知两个方面，土地确权使农户获得了更加长期稳定的土地承包经营权，可以增加农户土地产权稳定性认知，确权后农户获得了具有法律效力的土地承包经营权证，这极大增强了农户土地产权法律保障层面的安全性认知。与此同时，通过确权获得的稳定、完整土地产权，也会提高农户对土地经营权入股的收益预期和交易成本降低的预期，进而使农户不断增加土地经营权入股意向，最终影响和作用于农户农地经营权入股行为决策。与此同时，农户是否会在稳定、清晰的权属关系下，选择土地经营权入股经营，还取决于其对土地经营权入股政策本身的认知。如前文第九章所述，土地经营权入股各政策环节，即政策的制定、土地的流转管理、地价的评估、入股分配与防范风险等，都可能对农户土地经营权入股收益、成本预期以及土地经营权入股后的产权稳定性、安全性认知产生影响，进而影响其土地经营权入股意愿及行为。

四、本章小结

本章围绕"土地承包经营权确权如何影响土地经营权入股"这一问题展开了具体路径研究，基于现代产权理论、交易成本理论与计划行为理论等，从农户土地产权稳定性、安全性认知，在土地经营权入股收益、交易成本预期方面，分析了土地确权对农户土地经营权入股的影响。最后，建立了土地承包经营权确权对农户农地经营权入股行为决策的影响理论模型，分析了土地承包经营权确权对承包农户土地经营权入股意向、行为等自身心理决策机制的影响路径。

第十一章

农村土地承包经营权确权对土地经营权入股影响的实证分析

随着我国土地流转的迅速发展，土地经营权入股成为当下土地流转的重要方式之一，能够实现农民增收，促进农业现代化发展。土地经营权入股采用的方式、土地经营权入股存在的问题及对策与法律制度的构建等问题引发国内外学者的热烈讨论，成果颇丰。但关于土地经营权入股意愿和行为的微观层面问题尚未得到广泛的关注。

常州市武进区处于我国东部经济发达地区，且是土地经营权入股试点地区，本研究将其作为样本数据收集的区域。第九章围绕"农户入股意愿及行为的影响因素"展开实证分析，分析农户的个体和家庭相关因素、政策环境因素对入股意愿及行为的影响程度。第十章基于现代产权理论、交易成本理论与计划行为理论等，分析农村土地确权对土地经营权入股的影响路径。在此基础之上，本章引入农户的土地产权安全性认知、土地确权实践和农户的土地确权认知作为解释变量，将农户个人特征及家庭特征作为调节变量，实证分析农村土地确权对土地经营权入股意愿及行为的影响，为完善土地确权登记制度、推动农户土地经营权入股提供参考依据。

一、数据来源与样本描述

（一）数据来源

本章研究的数据来源与第九章相同，都是来自课题组于 2017 年 7 月~9 月期间对常州市武进区典型村镇的抽样调查与访谈。样本选择也与第九章相同，将常州市武进区土地经营权入股两个试点镇——嘉泽镇、洛阳镇以及两个非试点镇——雪堰镇、湟里镇，作为本次调查的区域。这四个乡镇不仅农地确权工作开展较好，而且土地经营权入股工作也在有序开展，因此，具有较高的代表性。本章以嘉泽镇、洛阳镇、雪堰镇、湟里镇为调查范围，在每个乡镇选择 3 个具有代表性的村，将每个村的 50 户左右农户作为调查对象，进行深度调查和访谈。收集数据范围包括农户个人信息、农户家庭信息、土地确权的实际情况、土地经营权入股意愿及行为、农户对土地产权认知以及对土地确权的感知，其中部分数据与第九章相同。本次调研共获取问卷 450 份，剔除无效问卷后剩余 426 份有效问卷。

（二）样本特征描述

1. 样本农户个体特征

从表 11-1 可以看出，年龄分布的比例差别很大，41 岁~60 岁之间的农户人数占 65% 左右，而 18 岁~30 岁之间的农户仅占 2.35%，说明样本农户的年龄段在 41 岁到 60 岁之间，符合现今我国农村劳动力的年龄特征。样本农户中初中文化水平的比重最高，为 48.83%；其次是高中文化水平，约占 31.46%。受教育程度为大专及以上的农户比重为

15.96%；小学及以下文化水平的比重最低，为 3.76%。样本农户中从事农业生产职业的比重不高，仅有 26.06%；73.94% 的农户都是从事与农业不相关的职业。说明样本区域农村的经济发展水平在不断提高。

表 11 - 1　样本农户的个体特征

特征	描述	人数	比重（%）
年龄	18 岁 ~ 30 岁	10	2.35
	31 岁 ~ 40 岁	41	9.62
	41 岁 ~ 50 岁	140	32.86
	51 岁 ~ 60 岁	141	33.10
	60 岁以上	94	22.07
文化程度	小学及以下	16	3.76
	初中	208	48.83
	高中	134	31.46
	大专及以上	68	15.96
职业	非农生产人员	315	73.94
	农业生产人员	111	26.06

2. 样本农户家庭特征

从表 11 - 2 可以看出，家庭劳动人数为 2 人及以下的比重最高，为 62.68%。家庭劳动人数在 5 人及以上的比重最低，仅有 2.11%。这与我国家庭人口结构特征相符。从家庭非农化程度来看，家庭经营为非农业的比重最高，达到 61.27%；而家庭经营为纯农业的比重最低，仅为 2.82%，说明样本区域农户的非农化程度很高。家庭近三年人均纯收入在 20001 元 ~ 40000 元之间的人数最多，所占比重为 57.98%；家庭收入在 20000 元及以下和 40001 元 ~ 60000 元之间的人数差异不大，所占比重分别为 20.66%、14.79%；家庭收入在 60000 元以上的人数较少，仅占 6.57%。由此可见，常州市武进区整体的农户家庭年收入水平较高。

表 11 – 2 样本农户的家庭特征

家庭基本特征	描述	人数	比重（%）
家庭劳动力人数	2 人及以下	267	62.68
	3 人~4 人	150	35.21
	5 人及以上	9	2.11
家庭非农化程度	纯农业	12	2.82
	农业为主	52	12.21
	非农业为主	101	23.71
	非农业	261	61.27
家庭近三年人均纯收入	20000 元及以下	88	20.66
	20001 元~40000 元	247	57.98
	40001 元~60000 元	63	14.79
	60000 元以上	28	6.57

3. 样本农户农地确权的基本特征

表 11 – 3 数据显示样本农户的确权土地面积。分别统计确权土地面积在 5 亩及以下、5~10 亩、10~15 亩、15 亩以上四个区间的人数及比重。有 343 户的土地确权面积在 5 亩及以下；确权土地面积在 10~15 亩、15 亩以上的农户人数较少，分别为 8 户、1 户。具体到不同的区域，可以发现在 426 份样本数据中，嘉泽镇、洛阳镇、雪堰镇和湟里镇的农户土地确权面积存在差异。四个乡镇中，洛阳镇大部分农户的土地确权面积在 5 亩及以下。统计数据显示，常州市武进区各乡镇农地确权工作完成得较好，但各乡镇农村土地政策的执行情况存在差异。因此，选择了多个乡镇的数据作为样本进行分析。

表 11 – 4 数据显示样本农户对土地确权工作的支持程度。统计数据显示，嘉泽镇、洛阳镇、雪堰镇和湟里镇的农户非常支持土地确权工

作，有 160 户表示"很支持"，占总人数的 37.56%。其次，对农村土地确权工作"比较支持"和"中立"的农户数量也较高，分别为 100户和 102 户。相反，对土地确权工作表示的不支持的农户数量并不多，表示"很不支持""不太支持"的农户数量分别为 24 户、40 户。具体到不同地区，雪堰镇表示"比较支持"和"很支持"的农户比例为16.9%，高于其他乡镇。

表 11-3　样本农户的确权土地面积

确权土地面积	嘉泽镇		洛阳镇		雪堰镇		湟里镇	
	人数	比重（%）	人数	比重（%）	人数	比重（%）	人数	比重（%）
5 亩及以下	61	14.32	134	31.46	99	23.24	49	11.50
5 亩~10 亩	8	1.88	24	5.63	31	7.28	11	2.58
10 亩~15 亩	1	0.23	3	0.70	4	0.94	0	0.00
15 亩以上	0	0.00	0	0.00	1	0.23	0	0.00

表 11-4　样本农户对土地确权工作的支持程度

选项	嘉泽镇		洛阳镇		雪堰镇		湟里镇	
	人数	比重（%）	人数	比重（%）	人数	比重（%）	人数	比重（%）
很不支持	3	0.70	10	2.35	5	1.17	6	1.41
不太支持	11	2.58	10	2.35	11	2.58	8	1.88
中立	30	7.04	16	3.76	33	7.75	23	5.40
比较支持	12	2.82	20	4.69	42	9.86	26	6.10
很支持	41	9.62	49	11.50	30	7.04	40	9.39

表 11-5 数据显示样本农户对土地确权政策的总体认知度。将农户对土地确权政策的总体认知度划分为：根本没有必要、可有可无、有必

要和非常有必要。35.68%的农户认为土地确权能够带来一定的好处，有必要开展土地确权工作；35.21%的农户认为土地确权工作非常有必要；24.88%的农户对土地确权政策的总体认知度不高，认为开展土地确权工作的必要性不高；而认为土地确权工作完全没必要的农户较少，仅有约4.23%。说明农户普遍能够意识到土地确权工作的重要性。具体到不同地区，湟里镇认为土地确权工作有必要和非常有必要的农户比例为20.89%，高于其他乡镇。

表11-5　样本农户对土地确权政策的总体认知度

选项	嘉泽镇		洛阳镇		雪堰镇		湟里镇	
	人数	比重（%）	人数	比重（%）	人数	比重（%）	人数	比重（%）
根本没有必要	5	1.17	7	1.64	3	0.70	3	0.70
可有可无	16	3.76	13	3.05	34	7.98	43	10.09
有必要	26	6.10	45	10.56	24	5.63	57	13.38
非常有必要	51	11.97	13	3.05	54	12.68	32	7.51

　　表11-6数据显示样本农户对土地确权实施效果的认知度。统计数据显示，近50%的农户认为土地确权工作的实施效果较好。其中认为土地确权实施效果"比较好"的农户占18.31%，认为土地确权实施效果"很好"的农户占35.21%，对土地确权的实施效果持一般态度的农户占26.29%，对土地确权的实施效果持不好态度的农户约占19%，仅有4.69%的农户认为土地确权的实施效果很不好。总体来说，样本地区的农户对土地确权工作的效果持认同态度。具体到不同地区，嘉泽镇认为土地确权工作效果较好的农户比例达16.90%，高于其他乡镇。

表 11－6　样本农户对土地确权实施效果的认知

选项	嘉泽镇		洛阳镇		雪堰镇		湟里镇	
	人数	比重	人数	比重	人数	比重	人数	比重
很不好	8	1.88	6	1.41	3	0.70	3	0.70
不太好	21	4.93	23	5.40	8	1.88	14	3.29
一般	14	3.29	33	7.75	45	10.56	20	4.69
比较好	21	4.93	24	5.63	13	3.05	20	4.69
很好	51	11.97	23	5.40	28	6.57	48	11.27

二、研究假设

本文做如下研究假设：农户是理性的，他们会在多种选择机会出现时，根据一定的约束条件并且获取有效的信息，选择实现自身利益最大化。农民选择土地经营权入股的动因来自通过土地经营权的入股可能获取的受益。农户只有在土地经营权入股的收益大于其他土地流转方式时才会采取土地经营权入股行为。

为研究土地确权对土地经营权入股影响机制究竟如何，将深入探讨土地确权对土地经营权入股意愿的影响、土地确权对土地经营权入股行为的影响。基于现有文献的研究成果和理论基础，提出以下假设：

H1：安全的土地产权正向影响农户土地经营权入股意愿及行为。

现代产权理论表明，安全的土地产权能够激发当事人参与生产经营的积极性，促进产权交易的实现。农民对土地调整、失地风险感知越强烈，其对土地产权的安全性认知越低，进而遏制其对土地的长期性投资（Broegaard R J.，2005）以及参与土地经营权入股的倾向性。因此，土地产权安全性认知是农民土地行为决策的关键因素。已有研究发现，土地确权登记可以提高农民的产权安全感知（仇童伟，2017），即农户的土地产权安全性认知可能会影响土地确权。因此，需要将农地产权安全性纳入分析框架，分析其是否对农户土地经营权入股的意愿及行为产生影响。

H2：土地确权实践正向影响农户土地经营权入股意愿及行为。

现有文献中，关于土地确权对土地流转影响机制的实证研究，都对土地确权工作的实施程度进行了分析。陈克新（2014）验证了是否有土地经营权证书对土地流出、流入的影响；丁玲和钟涨宝（2017）将是否进行土地确权纳入解释变量，分析其对土地流出、流入的影响。运用 Probit 模型和 Logistic 模型，走访湖北省 6 个地区，得出土地确权显著影响土地转出，且是正向影响；土地确权对土地转入没有显著影响，即土地确权与土地转入无关。因此，有必要从土地确权实践的角度分析其对农户参与农地经营权入股的影响。

H3：农户对土地确权工作的良好认知正向影响农户土地经营权入股意愿及行为。

现有文献中，关于土地确权对土地流转影响机制的实证研究，除了考虑土地确权工作的实施程度以外，还将考虑农户对土地确权工作的认知程度。杨柳（2016）指出农户对土地确权工作的认知程度将影响其对土地流转行为的决策；丁玲和钟涨宝（2017）在测量农地确权对土地流转的影响时，也将农户对确权工作的满意程度纳入解释变量。因此，有必要从土地确权认知的角度分析其对农户参与农地经营权入股的影响。

三、模型选择与变量说明

（一）模型选择

为了进一步量化土地确权对土地经营权入股的影响，分别考察农民土地经营权入股意愿和行为。因变量为农民是否愿意进行土地经营权入股、农民是否已经选择土地经营权入股，设为二分变量（取值为 0 或 1）。基于此，本研究将采用二元 Logistic 回归方法构建模型。模型Ⅰ将农民是否愿意进行土地经营权入股作为因变量，模型Ⅱ将农民是否已经选择土地经营权入股作为因变量。模型Ⅰ和模型Ⅱ的构建方法相同，下面将只介绍模型Ⅰ的构建方法。土地确权与土地经营权入股意愿的模型具体形式为：

$$p = F\left(\alpha + \sum \beta_i x_i\right) = \frac{1}{1 + e^{-(\alpha + \sum \beta_i x_i)}}$$

其中，p 表示因变量，x_i 表示自变量，i 为自变量编号。在回顾分析时，需将上述公式进行对数转换，得到以下模型形式：

$$ln\left(\frac{p}{1-p}\right) = \left(\alpha + \sum \beta_i x_i\right) = b_0 + b_1 x_1 + b_2 x_2 + \cdots + b_n x_n + \varepsilon$$

其中，b_0、b_1、b_2、b_n 为估计系数，ε 随机扰动项。

（二）变量说明

本章围绕"土地确权对土地经营权入股意愿和行为的影响"展开研究，各变量的详细描述见表 11 – 7。因变量为农民是否愿意进行土地经营权入股、农民是否已经选择土地经营权入股，设为二分变量（取值为 0 或 1）。当农民愿意进行土地经营权入股时，因变量取值为 1，否则为 0；当农民已经选择土地经营权入股时，因变量取值为 1，否则为 0。

在已有文献的基础上，结合研究假设选择自变量。自变量分为土地产权安全性认知、土地确权实践与土地确权认知三个维度，土地产权安全性认知维度主要测量农户对土地产权安全性的感知。本研究主要用土地调整认知、失地风险认知来测量土地产权安全性认知，土地调整认知、失地风险认知均为二分变量。在土地调整认知变量中，1 表示农户认为土地有发生变化的可能，0 表示农户认为土地不会发生变化；在失地风险认知变量中，1 表示农户认为有失去土地的可能性，0 则表示农户认为不可能会失去土地。土地确权实践维度主要是测量农村土地确权工作的实施程度，用确权土地面积、是否进行土地确权两个变量来测量土地确权工作的实施程度。若已经进行过土地确权时，赋值为 1；若尚未进行过土地确权时，赋值 0。

土地确权认知维度主要是测量农户对土地确权工作的态度，包括支持程度、满意程度与效果认知。土地确权认知维度的测量变量有三个，第一个是土地确权支持程度，分为很不支持、不太支持、中立、比较支持和很支持五个选项，依次赋值为 1、2、3、4、5；第二个是土地确权总体认知程度，分为四个选项，依次为根本没有必要、可有可无、有必要与非常有必要，从 1 到 4 进行赋值。第三个是土地确权实施效果，分为很不好、不太好、一般、比较好和很好五个选项，依次赋值为 1、2、3、4、5。

表 11 - 7　变量定义及预期影响方向

变量分类	被解释变量	变量描述	平均值	标准差	预期
户主特征变量	户主年龄	户主实际年龄（周岁）	52.577	10.861	-
	户主文化程度	小学及以下 =1，初中 =2，高中 =3，大专以上 =4	2.596	0.798	+
	户主职业	国家机关、党群组织、企事业单位负责人 =1，专业技术人员 =2，军人 =3，商业服务人员 =4，一般工作人员 =5，农业生产人员 =6，其他 =7	5.606	1.552	+
农户家庭特征变量	家庭劳动力人数	劳动力人数（人）（女：16 - 55 岁；男：16 - 60 岁）	2.303	1.010	-
	家庭非农化程度	纯农业 =1，农业为主兼营其他 =2，非农业为主兼营农业 =3，非农业 =4	3.434	0.813	+
	家庭近三年人均纯收入	0 元 ~20000 元 =1，20001 元 ~ 40000 元 =2，40001 元 ~60000 元 =2，60001 元以上 =4	2.073	0.783	+
土地产权安全性认知	土地调整认知	土地会调整 =1，土地不会调整 =0			-
	失地风险认知	可能失去土地 =1，不可能失去土地 =0			-
土地确权实践	确权土地面积	确权土地面积（亩）	3.705	2.129	+
	是否进行土地确权	是 =1，否 =0	0.995	0.068	+

变量分类	被解释变量	变量描述	平均值	标准差	预期
土地确权认知	土地确权支持程度	很不支持=1，不太支持=2，中立=3，比较支持=4，很支持=5	3.779	1.204	+
	土地确权总体认知	根本没有必要=1，可有可无=2，有必要=3，非常有必要=4	3.019	1.131	+
	土地确权实施效果	很不好=1，不太好=2，一般=3，比较好=4，很好=5	3.638	1.236	+
地区特征变量	是否为入股试点村	是=1，否=0	0.502	0.501	+

前文中验证了农户个体和家庭特征变量、地区特征变量会对农户土地经营权入股意愿和行为产生影响，所以在模型中加入农户个体和家庭特征变量、地区特征变量进行分析。其中，农户个体特征用年龄、文化程度与职业进行测度，农户家庭特征用家庭劳动力人数、家庭非农化程度和家庭近三年人均纯收入进行测度，地区变量为是否是入股试点村。模型中农户个体特征变量与农户家庭特征变量、地区特征变量为控制变量。

四、土地确权对经营权入股意愿及行为影响的分析

1. 土地产权安全性认知对经营权入股意愿及行为的影响

在土地产权安全性认知维度，测量变量为土地调整认知和失地风险认知。如果农户认为不会发生土地调整的情况，愿意将土地经营权入股

的农户占比为 76.06%，已经将土地经营权入股的农户比重为 76.53%；当农户认为未来不会有失去土地的可能性时，有 78.87% 的农户愿意采取土地经营权入股、79.81% 的农户已经采取土地经营权入股。由此可见，当农户认为土地产权安全性较高时，促使农户愿意选择土地经营权入股方式。

2. 土地确权实践对经营权入股意愿及行为的影响

在土地确权实践维度，用确权土地面积、是否进行土地确权来测量。当土地确权面积在 5 亩及以下时，愿意采取土地经营权入股的农户比例为 22%，实际选择土地经营权入股的农户占 54%；当土地确权面积在 5 亩～10 亩之间时，愿意采取土地经营权入股的农户比例为 22%，实际选择土地经营权入股的农户占 51%；当土地确权面积在 10 亩～15 亩之间时，愿意采取土地经营权入股的农户仅一半，实际选择土地经营权入股的农户占 60%；当土地确权面积在 15 亩以上时，样本农户都愿意且实际采取土地经营权入股。是否进行土地确权在农户土地经营权入股意愿及行为的影响上也存在差异，当进行土地确权后，94.6% 农户愿意采取土地经营权入股、79.34% 农户实际选择土地经营权入股。

3. 土地确权认知对经营权入股意愿及行为的影响

（1）支持土地确权工作的农户中，愿意采取土地经营入股的农户占样本农户的 60% 左右。

（2）在认为土地确权工作有好处有必要开展的农户中，愿意采取土地经营入股的农户占样本农户的 53% 左右，实际已经采取土地经营入股的农户占样本农户的 46% 左右。

（3）农户对土地确权工作实施效果的认知，也会影响其选择土地经营权入股的意愿和行为。在认为土地确权工作实施效果很不好的农户中，愿意采取土地经营入股的农户仅占样本农户的 3.76% 左右，实际上也没有农户采取土地经营入股。在认为土地确权工作实施效果很好的农户中，愿意采取土地经营入股的农户占样本农户的 35.21%。

表 11 −8　土地确权对农户土地经营权入股意愿与入股行影响的比例

描述		愿意		不愿意		入股		未入股	
		人数	比重(%)	人数	比重(%)	人数	比重(%)	人数	比重(%)
土地是否会调整	是	81	19.01	17	3.99	12	2.82	86	20.19
	否	324	76.06	4	0.94	326	76.53	2	0.47
是否会失去土地	是	69	16.20	17	3.99	2	0.47	84	19.72
	否	336	78.87	4	0.94	340	79.81	0	0.00
确权土地面积	5 亩及以下	74	17.4	269	63.2	120	28.2	223	52.4
	5 亩~10 亩	16	3.8	58	13.6	25	5.9	49	11.5
	10 亩~15 亩	4	0.9	4	0.9	3	0.7	5	1.2
	15 亩以上	1	0.2	0	0	1	0.2	0	0
是否进行土地确权	是	403	94.60	21	4.93	338	79.34	86	20.19
	否	2	0.47	0	0.00	2	0.47	0	0.00
土地确权支持程度	很不支持	20	4.69	4	0.94	0	0.00	24	5.63
	不太支持	37	8.69	3	0.70	20	4.69	20	4.69
	中立	88	20.66	14	3.29	60	14.08	42	9.86
	比较支持	100	23.47	0	0.00	100	23.47	0	0.00
	很支持	160	37.56	0	0.00	160	37.56	0	0.00
土地确权总体认知	根本没有必要	14	3.29	4	0.94	0	0.00	18	4.23
	可有可无	72	16.90	4	0.94	50	11.74	26	6.10
	有必要	109	25.59	13	3.05	80	18.78	42	9.86
	非常有必要	120	28.17	0	0.00	120	28.17	0	0.00

描述		愿意		不愿意		入股		未入股	
		人数	比重 （%）	人数	比重 （%）	人数	比重 （%）	人数	比重 （%）
土地确权实施效果	很不好	16	3.76	4	0.94	0	0.00	20	4.69
	不太好	62	14.55	4	0.94	40	9.39	26	6.10
	一般	99	23.24	13	3.05	72	16.90	40	9.39
	比较好	78	18.31	0	0.00	78	18.31	0	0.00
	很好	150	35.21	0	0.00	150	35.21	0	0.00

五、土地确权对经营权入股意愿及行为
影响的实证分析

本研究运用 Logistic 模型，实证分析土地确权对经营权入股意愿和行为的影响。回归模型拟合效果良好，统计结果显著。表 11-9 为各变量的回归系数和标准误差。具体分析如下：

（一）土地产权安全性认知变量的影响

土地调整认知对农户土地经营权入股意愿与行为均有负向影响，且分别在 1%、5% 的水平上显著，和预期结果一致。表明如果农户认为土地发生变化的可能性越高，其采取土地经营权入股的意愿越低；失地风险认知对农户土地经营权入股意愿与行为均有负向影响，且分别在 1%、5% 的水平上显著，与预期相符。同样表明，当农户认为未来土地发生丢失的可能性越大，采取土地经营权入股的意愿越低。这与现代产权理论一致，农户具备安全的土地产权，才能激发他的生产经营的积极

性，促使其选择土地经营权入股的方式进行流转。

（二）土地确权实践变量的影响

确权土地面积对农户土地经营权入股意愿的影响不显著，对农户土地经营权入股行为有正向影响，且在5%的水平上显著，与预期相符。说明确权土地的面积对农户是否愿意采取经营权入股没有影响，但是对农户实际采取经营权入股的行为有影响，确权土地面积越大的农户越有可能采取土地经营权入股。是否进行土地确权对土地经营权入股有正向显著影响，且在5%的水平上显著。可能的原因是，土地确权工作的开展保证了农户的土地产权，有效解决土地纠纷问题，从而激发农户采取土地经营权入股的意愿和行为。

（三）土地确权认知变量的影响

土地确权支持程度对农户土地经营权入股意愿与行为均有正向影响，且分别在10%、5%的水平上显著，与预期相符。这说明农户对土地确权工作的支持程度越高，土地经营权入股的意愿越强烈。可能的原因是，农户支持土地确权工作，意味着农户能够理解土地确权工作对其带来的益处，对国家政策的信任度较高。那么土地经营权入股作为国家高度重视的农村政策，自然能够被其所接受。土地确权总体认知、土地确权实施效果对农户土地经营权入股意愿与行为的影响均不显著。

（四）控制变量的影响

在农户个体特征变量的影响上，户主年龄对农户土地经营权入股意愿与行为均有负向影响。农户的受教育水平对土地经营权入股有正向影响。说明年龄越小的农户越愿意将土地经营权入股，年龄越小的农户容易接纳新政策；受教育水平较高的农户也比较容易接受土地经营权入股政策。

表 11 – 9　回归模型参数估计结果

变量分类	被解释变量	模型 I		模型 II	
		系数	标准误	系数	标准误
户主特征变量	户主年龄	– 0.008 ***	0.652	– 0.009 **	0.318
	户主文化程度	0.078 *	0.150	0.269 ***	0.190
	户主职业	0.085	0.083	0.031	0.164
农户家庭特征变量	家庭劳动力人数	– 0.109 *	0.169	– 0.101	0.209
	家庭非农化程度	0.120	0.106	0.272 ***	0.723
	家庭近三年人均纯收入	0.760 *	0.250	0.306	0.801
土地产权安全性认知	土地调整认知	– 0.196 ***	0.672	– 0.187 **	0.561
	失地风险认知	– 1.086 ***	0.305	– 1.047 **	0.542
土地确权实践	确权土地面积	0.081	1.223	0.103 **	1.157
	是否进行土地确权	0.161 **	0.556	0.192 **	0.047
土地确权认知	土地确权支持程度	0.116 *	0.138	0.277 **	1.046
	土地确权总体认知	0.134	0.131	0.358	0.682
	土地确权实施效果	0.212	0.165	0.175	0.296
地区特征变量	是否为入股试点村	– 0.311	0.268	0.561 **	0.325
	LR chi2 (15)	189.241	193.401		
	Prob > chi2	0.000	0.000		
	Pseudo R2	0.466	0.523		

注：＊＊＊、＊＊、＊分别表示估计系数在1%、5%、10%的水平上显著。

农户家庭特征变量中，农户家庭的劳动人数对土地经营权入股意愿的影响在10%的水平上显著，且是反向影响。这主要是因为小家庭限制其生产能力，更愿意采取经营权入股的方式获取收益。家庭非农化程度对农户土地经营权入股行为有正向影响，在1%的水平上显著，说明当农业收入不是家庭收入的主要来源时，农户越倾向于通过经营权入股方式取得财产收益；家庭近三年人均纯收入对农户土地经营权入股意愿有正向影响，在10%的水平上显著，说明农户家庭人均收入水平越高，其土地经营权入股意愿越强。可能的原因是，较高收入的农户其收入来源多以非农生产经营为主，因而对土地经营权入股方式流转意愿更强。

在地区特征变量的影响上，是否为入股试点村对农户土地经营权入股行为有正向影响，在5%的水平上显著。说明土地经营权入股试点村中，农户采取土地经营权入股的可能性较高，主要是因为政府对试点村的政策引导、宣传力度相对更大、农户对土地经营权入股的理解和认知程度更高和在一定程度上提高其参与入股的积极与可能性。

六、本章小结

本章运用实证方法验证农村土地承包经营权确权对土地经营权入股的影响。将土地产权安全性认知、土地确权实践与土地确权认知三个维度的变量纳入解释变量，深入探讨土地确权如何影响农户土地经营权入股的意愿与行为。数据来源于常州市武进区四个乡镇，共收集426份农户数据，主要分析结论如下：

1. 土地产权安全性认知对农户土地经营权入股意愿与行为均有负向影响。当农户认为土地产权未来发生调整、丢失的可能性越大，采取土地经营权入股的意愿越低。

2. 确权土地面积对农户土地经营权入股意愿的影响不显著，但对农户土地经营权入股行为有正向影响。农村承包地确权登记能够显著促进农户采取土地经营权入股方式流转。

3. 农户对土地确权的支持程度，显著影响其选择土地经营权入股意愿与行为。而农户对土地确权工作的总体认知、对土地确权实施效果的认知都没有显著影响选择土地经营权入股意愿与行为。

第十二章

农村土地确权对土地经营权入股的影响评价：案例视角

一项制度改革与创新是否能发生并持续产生效应，关键取决于创新所带来的成本收益比。本章关于土地承包经营权确权对土地经营权入股的影响评价，将遵循以下逻辑思路：首先，结合前期的影响机理与实证分析，构建土地承包经营权确权对土地经营权入股的影响评价指标体系；其次，以常州市武进区土地经营权入股试点村为样本，通过实地调查了解农户对土地承包经营权确权的认识，以及确权工作对农户土地经营权入股行为的影响。通过典型案例选取，从案例分析视角系统评价土地承包经营权确权对土地经营权入股的影响，并结合案例评价结果进行经验总结，为进一步完善农村土地确权登记制度，促进农地经营权入股发展产业化提供决策参考。

一、土地承包经营权确权对经营权入股的影响评价体系

（一）土地权确权对土地经营权入股影响的评价依据

土地承包经营权确权登记工作通过影响土地经营权入股"收益—

成本"，进而影响农户土地经营权入股行为。本文将依据"收益—成本"理论，建立土地确权对农户土地经营权入股的影响评价原则。具体将从以下三方面着手：一是基于物权行为理论，土地承包经营确权，可以使农村集体成员获得完整的具有物权属性的土地承包经营权，将有利于提高农户土地经营权入股收益；二是依据交易成本理论，土地承包经营权确权，可以使农户获得更加稳定和长期的土地承包经营权，减少土地调整变动风险，将有助于降低土地经营权入股交易成本；三是从风险规避视角分析，土地确权可以有效降低土地调整变动带来的农地经营风险，进而使得土地经营权入股生产、经营行为发生变化。

1. 土地承包经营权确权的收益分析

土地承包经营权确权对土地经营权入股的收益影响，主要体现为量化清晰的产权，可以提高农户对土地经营权入股收益预期，增加农民对土地长期投入的积极性，提高土地质量与利用效率。土地承包经营权确权使土地经营权入股的持续稳定性增加：一方面，土地转入方新型农业经营主体对入股土地的产权稳定性预期增加，有助于其进行长期投资，增加其农业经营预期收益。另一方面，土地转出方农户，通过确权获得了稳定清晰的土地承包经营权，有助于其在土地经营权入股中获得土地真实市场价值收益，进而增加其土地经营权入股的财产性收益。

2. 土地承包经营权确权的成本分析

土地承包经营权确权对土地经营权入股的成本影响，表现为土地承包经营权确权可以有效维护地权稳定性，降低土地经营权入股交易成本，提高农户土地经营权入股意愿与预期收益，从而有利于农地资源配置优化与农民增收。土地承包经营权确权之前，土地流转或入股具有较高的交易信息成本，土地转入方和土地转出方由于信息不对称，产生较高的信息搜索成本，同时也可能引致土地矛盾纠纷，进而影响土地资源有效配置。土地承包经营权确权后，土地信息较完整，便于双方对土地流转面积、价格、权利与义务以及违约责任等约定，使得土地转入方、土地转出方的谈判成本降低，促使农民土地流转行为的变化。

3. 土地承包经营权确权的风险规避分析

土地承包经营权确权使得土地产权更加明晰、稳定，有利于规避土地产权模糊及不稳定带来的入股经营风险。在未确权之前，土地产权稳定性相对较差，面临着随时调整变动的风险，这将给农地股份合作制带来农业生产经营中不确定性风险，这种风险为土地经营权入股参与方、经营方均带来了道德风险和寻租行为。土地承包经营权确权后，根据土地承包经营权证书信息，签订土地经营权入股合同，约束了双方寻租或其他违约行为，并对违反土地经营权入股合同的行为进行适当处罚，规避了农民土地经营权入股风险。随着土地经营权入股发展产业化经营，将会产生农地股份合作社、农地流转交易中心等大量市场中介组织，降低农民土地经营权入股风险。农民可以先将确权后的土地承包经营权通过正规合同手续入股到村集体农地股份合作社，再由农地股份合作社将村集体成员土地经营权入股到农民专业合作社、涉农企业等新型农业经营主体中，如此可以在极大降低土地经营权入股交易成本的同时，减少入股农民与新型农业经营主体间的直接利益冲突。最后，一旦土地经营权入股双方发生土地利益纠纷，由于存在产权合同的契约约束，双方行为都在土地经营权入股合同的约束范围内进行，规范了土地经营权流转市场的秩序，达到了规避土地入股风险的目的。

（二）土地权确权对土地经营权入股影响的评价原则

为有效评价典型案例中土地确权政策对土地经营权入股的影响效果，本研究借助经济学中收益最大化与风险最小化原则，该原则也为影响评价指标构建提供科学、合理依据。

1. 收益最大化原则。当边际收益等于边际成本时，即实现了利润或收益最大化，这是理性经济人的行动目标。采用收益最大化原则基于三方面考虑：首先，土地承包经营权确权使农户的土地承包经营权的价值功能得以充分凸显，并且获得了法律保障，有利于提高土地经营权入股双方对土地经营的预期收益。其次，在收益最大化原则下，选择收益的诸多指标可以更加准确地反映土地权确权对土地经营权入股影响及其变化。最后，土地收益状况变化对于农户而言最为敏感和直接，以收益最大化原则考察土地承包经营权确权前后农民土地经营权入股行为的效果，有助于更直观、有效地反映土地确权政策实施效果。

2. 成本及风险最小化原则。相较于租赁或其他流转方式，农户选择土地经营权入股获得土地增值收益的同时也面临较大风险，农户入股后将会失去对土地的控制，一旦土地股份经济组织经营不善，农民可能面临失去来自土地的最基本生活保障，所以多数农民会选择风险最小化原则。对于农地股份制经营，既要保证入股出去的土地能够按土地流转合同约定期限收回土地；又要保证土地股份合作制收益按时获取，且"保底＋分红"收益达到预期增加；还要确保对方不违反土地经营权入股合同，合同约定的权利必须得到实现。而土地承包经营权确权后，从政策、法律层面大大提升了农民土地承包经营权的法律地位，对于违背农民意愿或侵蚀农民土地权益的违法违规行为，有关部门也加大了惩处力度，这将有利于降低农民土地经营权入股风险。

（三）土地权确权对土地经营权入股影响的评价指标体系

虽然土地承包经营权确权政策对不同需求的农户具有不同的作用与效果，但是土地确权的最终目的是使整个农村地区居民的福利得到改进，农民土地产权收益得到保障，使不同发展类型和发展目标的农户土地权益都能够得到最大限度的维护。基于目标导向与心理偏好差异，不同生计类型农户对土地确权的预期及需求存在异质性，从而对农地确权政策实施效果的感受和评价会存在显著的差别。因此，衡量土地确权对土地经营权入股的影响是否达到了预期的理想目标，最有效、最可行的方法就是在考虑农户行为偏好与利益诉求的基础上，从农户认知及入股意愿视角对土地确权政策实施效果进行客观公正的评价，这对下一步完善及优化土地承包经营权确权政策安排具有重要的指导意义。

表 12 - 1　土地承包经营权确权对土地经营权入股的影响评价指标体系

类别	一级指标	二级指标
村级层面	收益指标	土地经营权入股收益
	成本指标	土地经营权入股成本
	风险规避指标	土地经营权入股纠纷
承包地农户层面	收益指标	土地经营权入股收益
	成本指标	土地经营权入股成本
	风险规避指标	土地经营权入股合同
		入股经营者违约情况
经营主体层面	收益指标	土地经营权入股收益
	成本指标	土地经营权入股成本
	风险规避指标	土地经营权入股合同
		入股农户违约情况

关于土地承包经营权确权效果评价的已有研究尚少，特别是鲜有土地承包经营权确权对土地经营权入股影响的评价研究。许恒周（2018）从农户生计多样化视角，利用天津与山东部分地区农户调查数据，采用 Heckman - Probit 两阶段模型，对不同生计类型农户关于农地确权政策实施效果的评价及影响因素进行了实证分析，认为农民对农地确权政策实施效果的总体评价并不理想。李灿（2016）从利益相关者视角，构建土地股份经营者、投资者、权利所有者以及监管者等四多利益相关者维度的动态效应的绩效评价模式，以测度农地经营权入股流转中利益相关者各方的利益实现程度。本文将结合已有关于土地确权与土地经营权

入股政策效果评价的已有研究，并根据上述土地承包经营权确权对土地经营权入股影响的评价依据与原则，构建土地承包经营权确权对土地经营权入股的影响评价指标体系。

根据主体类别差异及评价指标体系构建依据、原则，本文将土地承包经营权确权对土地流转的影响评价一级指标体系主要分为三类：收益指标体系、成本指标体系和风险规避指标体系。一级指标体系与原则一一对应，在一级指标体系的基础上细分二级指标（如图 12 - 1 所示）。

二、土地确权对土地经营权入股的影响评价：以跃进村为例

本研究选取常州市武进区跃进村作为典型案例，评价土地承包经营权确权对土地经营权入股的影响，选取依据为：该村为第二批全国农村改革试验村，同时也是全国首批农村土地经营权入股发展农业产业化经营的试点村，在土地承包经营权确权与土地经营权入股试验改革工作中都具有代表性。跃进村以农业为主，是典型的依靠土地制度改革促进乡村振兴村庄，其产业结构、人均资源禀赋等情况符合全国基本情况。基于此，本文将以武进区嘉泽镇跃进村为例，进行典型案例剖析，以期从具体实践中考察土地确权对土地经营权入股的影响效果。

（一）跃进村基本概况

江苏省常州市武进区嘉泽镇跃进村，位于花木之乡嘉泽镇西北部，村域总面积 3500 亩，下辖 18 个自然村、21 个村民小组，总户数 736 户，户籍人口 1863 人。"跃进"村的名字来自于"文化大革命"期间，

本来连村名都没有的自然村落，由于村民较为积极活跃地搞运动而因此得名。改革开放后，跃进村尽管地处长三角地区，但依然是一个典型的贫困村，村委没有办公场所，没有集体资产。2007年以后，武进区委组织部派遣驻村干部帮扶，根据该村自然特征与发展优势，区委协同村委制定了苗木种植产业发展路线，由集体与村民共建，投入480万元。2009年，为了充分发展全国华东地区，打破有木无花的状态，创建了江南花都产业园，用于研发生产各类盆栽鲜花。流转农民土地计1200多亩，成立了常州市第一家农地股份专业合作社，解决了农户靠天吃饭、盲目种植的风险。2009年以来，跃进村率先开展农村宅基地改革、积极推进农村土地节约集约利用，农业特色化、生产园区化和居住集中化。2012年开始探索开展农村土地"三权分置"改革，先后成立村级农地合作社与村级花木专业合作社与村级劳务合作社。该村积极培育农村创业致富带头人队伍，带动全村花木产销，促进农民就业创业，形成全民创业创新发展新格局，为大力扶贫开发、强村富民起到了良好的示范带动效应。近几年，跃进村先后获得江苏省新农村建设先进村、江苏省管理民主示范村和江苏省卫生村、十佳花园村、江苏省三星级康居村、常州市电子商务示范村、江苏省电子商务示范村等一系列荣誉。2016年，村集体年收入将从2009年的35万元增加到近150万元。截止到2017年，全村农业产值1.5亿元，工业产值3500万元，村级集体收入180万元，人均纯收入2.95万元。

（二）跃进村土地确权与土地入股情况

截至目前，跃进村21个村民小组，共521户，应确权面积为1718.83亩，确权到户面积1686.69亩，占应确权面积的98.59%。其中尚有八户农户未确认签字，承包面积为32.14亩，主要原因有两方面：由于前期土地流转中，农户间私下口头协商流转；税费改革前后土地经营政策差异，造成了土地权属争议，在多次协调难以达成统一意见后，经村党总支部讨论暂缓确权。

该村自20世纪90年代以家庭承包为主导，花木产业享誉全国，且有着深厚的文化底蕴和悠久的产业发展历史。随着农业产业化、规模化与市场化经营程度不断提高，传统的土地经营管理制度严重制约土地利用效率和经营效益的提升与拓展，面对发展新挑战、改革新形势，跃进村依托花木产业优势，以盘活土地资源为基础，不断寻求改革创新。2009年5月，跃进村经济合作社和各村民小组及部分农户协商，在常州市武进区嘉泽镇跃进村成立跃进村土地股份合作社，进行农村土地出租等规模经营。跃进村农户以土地经营权作价2000万入股，其中最大股东跃进村经济合作社作价415万入股（215亩），参与管理分红。本合作社成员以土地入股，入股的总面积1183.575亩，每亩为一股，设置总股数1183.575股，其中：经济合作社占215股，潘塘组占126.42股，羊毛组占96.471股，余万组占157.642股，荷花组占71.937股，汉墩组占234.139股，野田组占124.783股，陆房组占124.619股，贝庄组占32.564股。全村64%的农地集中流转入社，入社农地面积1183亩，按照高标准农田建设标准，统一规划、整理，将小、散、远地块进行有效整合，实现串点连线、条块结合与扩面连片。

跃进村通过农民土地承包经营权入股村集体土地股份合作社，成功将土地经营权从长期固化的承包权束缚中分离出来，形成了以集体经济组织为主导的土地流转稳定机制，保障了农民对土地的长期承包权益，实现了土地资源要素更加活跃、自由化的流动。跃进村实行统一的土地规模化流转，有利于土地利用的整体规划和产业发展的科学布局，为农博园产业发展奠定了良好基础，较好地适应了现代规模农业生产发展的现实需求，土地经营权得以放活，土地潜在市场价值得到全面释放。

(三) 跃进村土地确权对土地经营权入股的影响评价

1. 跃进村土地确权中经营权入股的成本分析

跃进村农业产业化经营经历了合作发展的艰难过程，虽然较早组建了花木产业合作社，但合作社服务功能不健全，参与主体单一，资金实力薄弱，没有真正发挥合作开发的实效。为此，该村在土地确权的基础上形成了清晰量化的农户土地产权，在此基础上，对确权农户土地承包经营权进行股份量化，组建村集体农地股份合作社，统筹整合现有资源，先行先试，着力推进改革创新。多年来，通过积极融入现代农业园区经济发展，主动承接中国夏溪花木市场的区位优势辐射，发挥西太湖和花博会等叠加效应，跃进村良好的发展环境成为投资开发的靓丽名片。

（1）吸引工商、民间资本，构建多元化股权融资机制。2012 年 6 月，跃进村村集体通过吸引工商资本、民间资本及科研单位参股合作，进行增资重组，成立了常州市西太湖花木合作社，合作社注册资本比初期增加 7.5 倍左右，达到 943 万元。团队合作、抱团发展的后劲前所未有，合作投资的实力明显增强，合作经营的内涵和功能得到全面丰富和拓展，集花木生产组培、新品种引进、技术成果推广运用、信息咨询、营销推介和代理服务等功能于一体，合作社借鉴利用现代企业管理模式，注资方式和股东构成深刻变化，成为真正意义上的股份合作经济体。

（2）土地经营权入股，通过"双重合作"降低交易成本。目前，常州市西太湖花木合作社的股权比例分配中，常州市一家农业科技研究院注资占主要股份，股权比例为 52%，村农地股份合作社土地经营权折价入股，占 26% 股权，另外 22% 股权由村内花木经纪人为代表共同注资享有。通过土地经营权入股，实现了土地流转的"双重合作"稳定机制，有效防控了农地产业化经营风险对农民土地权能的损害，使农民可以离地不离权、离地不失地。多元主体注资参股合作开发，为合作发展壮大注入了新鲜血液，更为加快农地经营权入股、发展农业产业化经营提供强大动力。

2. 跃进村土地确权中经营权入股的收益分析

（1）保底土地收益。土地入股经营保底收益，是农户对土地基本生存保障诉求的体现，也是新型农业经营主体与农户建立稳定土地利用关系的基础。在土地确权到户的基础上，跃进村村委会引导全村 8 个村民小组的 200 多户农户加入农地股份合作社，并实行土地保底收益分配制度，通过入股经营，农民股东每年可获得每亩 1500 元的土地保底收益，是实现土地承包权与经营权分离后，保障入社农户获得稳定的土地基本收益的重要保证。

（2）增加服务收益。农地股份合作社通过提供社会化服务增加服务收益，带动地区花木产业发展与促进农民增收并重。跃进村农地股份合作社在实际运营中，充分利用自身的服务功能与优势条件，为本地区花木交易提供相关运输调度、财务、税务与票务等有偿代理服务，带动地区花木产业有序发展的同时，该合作社也获得增加服务收益。据统计，2016 年全村实现花木交易销售收入 1.17 亿元，近三年来，花木合作社按照交易额 2‰比例收取代理服务费共计 136 万元，年均 45 万元，所有参股农户获得每亩 300 多元的分红收益。

（3）分配盈利收益。跃进村引导农户将确权土地入股到村农地股份合作社后，又积极拓展合作社增值收益，以期为入股农民创造更多分红收益。跃进村农地股份合作社借助周边现代农业园区经济发展机遇，将 1037 亩土地租赁给农博园发展高档花卉苗木产业，每年获得稳定的土地租赁收益。同时将剩余土地 146 亩按每亩折价 1.68 万元入股西太湖花木专业合作社，一期项目总投入 50 万元，建设智能大棚 3000 多平方米，发展花卉组培为主导的高效农业，该项目预计可增加经营收益

25 万元。

3. 跃进村土地确权中经营权入股的风险规避分析

跃进村在土地确权的基础上，为规范确权后土地承包经营权入股行为，维护农地入股当事人合法权益，根据《农村土地承包法》和《农村土地承包经营权流转管理办法》等有关规定，本着自愿、平等协商、有偿的原则，由村委会组建农地股份合作社与有意愿参与农户签订了土地承包经营权入股协议。在此基础上，村农地股份合作社土地经营权折价入股常州市西太湖花木专业合作社，实行自主经营。入社成员共享收益、共担风险。

该村从土地承包经营权确权到土地承包经营权入股村级农地股份合作社，再到土地经营权二次入股专业合作社，经过土地承包经营权确权颁证、签订土地承包经营权入股合同，对土地经营权入股进行量化折价，形成土地经营权入股收益分配机制。通过土地承包经营权确权及土地入股流程的规范化，大大降低了土地经营权入股矛盾纠纷，有效规避了土地经营权入股风险。当前土地承包经营确权对农民土地入股的影响侧重点在降低风险，减少土地入股转纠纷，保障农民转出土地后能按照土地入股合同约定收回土地和收益。

三、本章小结

本章首先从入股经营成本、收益与风险规避三个方面设定评价原则，构建土地承包经营权确权对土地经营权入股影响的评价指标体系，并通过案例分析得出如下启示：

1. 土地确权有利于降低土地经营权入股交易成本。实践中，加快土地承包经营权确权工作，实施成本主要由政府财政担负，旨在提高农民土地权益与社会福利，实现土地承包经营权确权的边际收益大于边际成本，最终形成稳定的、均衡的土地承包经营权确权制度。通过前文案例分析发现，通过土地确权有利于降低土地经营权入股交易成本，而较低的交易成本有利于增加土地经营权入股市场供给与需求，并促进土地经营权流转市场的发育。

2. 土地确权下的土地经营权入股改革，有利于提升农户收益及福利水平。跃进村土地确权基础上土地股份合作制改革案例中，建立了村、企、民之间资源互补、发展共建与成果共享的利益联结机制；土地承包权与经营权分置，农民变股民；采取以地权换股权的办法，资金变股金；实施保底分红，消除农户后顾之忧；农户获取合作社土地经营股权收益，享受二次分红，真正实现"合股共赢"，实现农民收益最大化。

第十三章

农村土地确权登记的农民权益保护机制构建

一、以史为鉴，稳定农村土地承包关系

追溯明清时期苏、皖、浙地区"鱼鳞册"史料发现，该项土地确权登记管理制度具有清晰的土地核查功能，通过鱼鳞册产权登记簿明晰农民土地私有权属，为农地产权市场发展与土地流转提供了制度保障。纵观新一轮农村土地承包经营权确权工作，尽管《关于认真做好农村土地承包经营权确权登记颁证工作的意见》中将坚持稳定土地承包关系作为首要需把握的政策原则，但当前土地确权工作是在农村土地关系尚存在诸多历史遗留问题的基础上展开的，既有的农地产权制度安排所有权主体虚置，难以为土地确权与稳定土地承包关系提供稳定的产权基础。而古代"鱼鳞册"土地登记制度中关于土地产权关系清晰化、稳定化的理念和经验，值得当前农村土地制度改革与土地确权工作借鉴。

（一）借鉴古代"鱼鳞册"土地登记制度，实现农地承包关系的稳定化、长期化与市场化

首先，实现土地承包关系稳定化。要明确农地三权主体及其权属关系，清晰界定集体所有权成员边界及所有权主体范围，同时正视一轮承

包期至今土地流转或调整中遗留的矛盾和问题，在此矛盾纠纷妥善处理的基础上落实和稳定农户土地承包权。其次，实行土地承包关系长期化。2018年中央一号文件中提出第二轮土地承包期满后再30年政策，让农民吃上长效"定心丸"，真正让农民获得持久土地承包经营权、实现农地永久承包和土地承包经营权可继承，这样有利于农民重新审视自己的行为并使其长期化，以便对农地进行科学的投资、规划和集中经营。最后，实现土地承包关系的市场化。要实现农地真正市场化，就需要在健全农村社会保障体系的基础上，实现土地承包权市场化，使农地要素资源价值得到最大释放，使农民土地财产功能得以充分体现。

（二）借鉴"鱼鳞册"土地登记制度，明晰土地产权的主体地位与主体间利益关系

在土地私有制背景下，明清时期开展"鱼鳞册"土地确权登记工作，对土地权利主体及其权利、利益关系界定清晰，成为古代征收赋税的主要依据。而目前，农村集体土地所有权为"三级所有、队为基础"，土地所有权归属在乡镇，村与村民小组之间法律界定含糊不清，导致实践中矛盾争执不断。借鉴"鱼鳞册"确权理念，在土地确权登记颁证过程中，需明确土地产权主体及其法人代表，清晰界定各项权利主体对农地所享有的权利、利益及承担的责任、义务，形成各利益主体之间经济的、法律的以及利益的约束关系。同时，在土地确权过程中，需要理顺政府、集体与农户的土地收益分配关系，建立农地多元权利主体间的利益平衡机制，防止农户利益被侵蚀和损害。

二、还权赋能，构建农民土地财产权利保护机制

对于以土地为基本生存来源的农民而言，土地依然是其赖以维持生

计的"命根子"，承载着世代相传的农耕思想、乡土情结与最基本的生存保障。因此，在中国，关于土地制度与政策的微小变动，都会触动农民的敏感神经。农村土地产权制度改革，无论是"还权"还是"赋能"，其根本宗旨都在于实现农民主体的根本利益。因此，农村土地确权登记制度的重心在于"赋能"，其核心内容是实现农民财产权利。

（一）赋予农民土地使用权完整的财产功能

深化农村土地产权制度改革的核心是赋予农民更充分的土地产权权利，赋予农民边界清晰、充分排他且完整的土地产权是其最大限度上获取产权功能的基础。我国全面推行的以"还权赋能"为核心的农村产权制度改革，通过土地确权登记是其中的重要实现路径。土地承包经营权确权，首先要做到"还权于民"，即将农民土地使用权作为重要财产还给农民，使农民真正成为土地财产的主人。具体而言就是将农村耕地、林地、草地与宅基地等主要农民土地财产权利清晰地界定到每一户成员。其次是"赋能于民"，具体而言就是在土地产权归属清晰界定的基础上，赋予农户充分的土地财产权能。目前农民土地承包经营权的转让权仅限于农业用途，应在符合土地利用规划前提下，进一步赋予农民对农地的非农用途转让权。同时，农户经确权的承包地不仅要赋予其经营权转让、出租与转包等权利，还需进一步拓展农户土地承包经营权依法进行抵押融资担保、入股从事农业产业化经营权能，使农地潜在市场价值得以充分释放，农民土地财政权利真正得到体现。

（二）改革土地征用制度，保障农民土地财产权利

当前土地征用制度中政府的土地征用权凌驾于农民土地财产权之上，成为农民土地财产权难以实现的主要阻力。尽管《物权法》中把农民的土地承包经营权作为一种用益物权进行了法律层面保障，但在实

践中政府行使土地征用权时，与农民在土地财产利益产生矛盾、冲突状况时有发生，农民拥有的比较完整的土地财产权利难以实现。基于公共利益或事业需要的情况下，按照我国法律规定政府可以动用土地征用权征地，但一些地方政府在土地征用中滥用职权，克扣农民征地补偿款，或以低于市场价永久性征用农民土地，最终导致农民土地财产利益严重被侵蚀。基于此，应改革既有土地征用制度，进一步强化农民土地财产权利，提高土地征用补偿标准，扩大土地征用补偿标准，除大幅提高现行法律规定的土地补偿费、安置补助费及地上附着物和青苗的补偿费等，坚持短期补偿与长期补偿有机结合、统筹兼顾，妥善处理因土地征用而失地的农民后续生存保障问题。此外，对于土地征用中滥用职权损害农民利益行为应通过法律手段加以严惩。

三、提高农民维权意识，建立土地纠纷调解机制

（一）加强政策引导与宣传，提高农民土地确权认知与维权意识

如前文实证研究所述，农民土地安全性认知及确权认知对其土地流转行为决策有着显著影响，加强政策引导与宣传是提高农民土地确权认知、增强维权意识的有效途径。土地确权工作涉及包括县、镇、村三级的干部、技术人员、业务骨干与村民等众多参与主体，在实际操作过程中若主体间对土地产权及确权认知存在偏差，则易引发矛盾纠纷，需要对政策执行者及被执行者进行土地确权工作进行深入到户的讲解与宣传，增进农民对土地确权政策与农村土地制度的理解，避免确权实施过程纠纷和阻力，便于确权顺利开展。特别是针对农村妇女、老人等留守人员，需注意宣传方式，挑选村委会和村小组中有威望、明事理和有思想的"能人"进行入户的交流与讲解，通俗易懂的语言比政策宣传文

字材料更易被接受。同时，要全面、翔实、准确地向对农民传达政策内容及操作程序，还要普及土地纠纷相关法律法规常识，以便农民在土地权益受损时及时通过合法途径进行正当维权。

（二）构建多元化的纠纷解决机制，妥善化解矛盾

由于农村人口变动及前期土地不规范流转等积累了潜在矛盾，"确权确地"的主流土地确权模式下，势必会引起一些土地产权矛盾升级，因此构建多元化的纠纷解决机制，妥善、及时解决确权中的矛盾纠纷，是土地确权工作效率与效果得以实现的关键。首先，建立土地纠纷和解机制。针对权属争议不大、矛盾尚未被激化的情况，积极引导当事人通过自愿、自主协商，协商达成和解协议解决纠纷。其次，建立村组一级的土地纠纷调解机制。农村土地承包经营权纠纷往往带有一定的家族特征，如果在村组一级设立由村组干部、家族长辈和有威信的村民组成土地纠纷调解委员会来对土地纠纷进行调解，可以有效地将矛盾化解在基层，及时解决纠纷。最后，加强农村土地承包经营权调解仲裁体系建设。在乡镇一级可尝试建立简易土地承包经营权调解仲裁机构，充分发挥土地承包经营权调解仲裁在确权登记工作中的作用。此外，对于农户与农户之间的利益纠纷，应该以法律法规为准则进行处理，如果有关法律法规不完善时应该尊重历史权益和面对现实的基本原则，以政策、制度的时效性为基础合理划分农户的利益关系。

四、清晰量化股权，释放土地经营权要素功能

（一）股权清晰量化，充分尊重入股农民意愿

农村土地确权登记颁证，是政府对农户土地承包经营权的初始登记

确认，是对农民土地承包经营权的物权属性的法律认定。土地确权工作需要立足于《物权法》《农村土地承包法》等有关法律法规和政策规定，本着有利于农业农村现代化发展，有利于发展与强化农村集体经济，有利于充分保障农民土地财产权利的原则进行。实际操作过程中，在明晰的产权界定的基础上，土地确权方式应与集体经济发展水平相适应，与农民意愿相一致。无论是确地还是确股，农户始终是土地承包经营权的权利人主体，具体而言可以采取按人量化、按户确权等方式。针对地区及经济发展水平差异，确权方式也需要因地制宜，一些经济较为发达地区、城市近郊区开展确权确股不确地方式，但需要特别警惕以易于操作、便于规模经营等理由而违背农民意愿的确权行为。

（二）激活土地经营权要素功能，实现多元产权主体利益共享

在资本要素相对稀缺的农村地区，决定农户增收的关键在于如何使确权土地要素功能得以最大程度发挥。农村土地"三权分置"改革下，农地利益主体呈现多元化、关系复杂化，建立"资源共用、风险共担、利益共享"的农地多元产权主体利益联结机制，使土地确权效益实现最大化。农民土地在承包经营权确权基础上，农村集体将农民土地承包经营权进行入股整合，再进行土地经营权二次流转，形成新型农业经营主体农地适度规模经营，使土地要素功能得以释放，土地财产价值得以显现。同时，拓展农地经营权进行担保、抵押权能，建立土地经营权价格评估体系与统一流转平台，使农村土地要素参与市场流动，让农地资源转化为农民的财产性收入。

第十四章

研究结论与展望

一、研究结论

（一）农村土地产权与确权登记制度历史演进的结论

中国古代农村土地产权制度自西周时期开始不断演进。首先，从封建土地制经济下土地私有制取代了"井田制"下的土地国有制；其次，"井田制"下领主与农奴之间的土地授受关系演进为封建制下农民与地主之间的租佃关系；最后，井田制下的领主获取的农奴劳役地租，逐步演进为封建地主向农民收取实物地租甚至是货币地租。

中国近代农村土地产权伴随着封建社会制度向半殖民主义地半封建制度转变和演进。这一时期，土地多种所有制并存，地主土地所有制下，地主与贫农之间的土地租佃系统关系使得土地的所有权和使用权发生分离；富农土地所有制下，旧式富农的土地所有权和经营多数未分离、带有小地主性质，新式富农的土地所有权与经营权分离，是具有资本主义性质的农场主；自耕农土地所有制下，中农对土地拥有支配权与管理权，生产积极性与效率高于租种地主土地的贫农，但经营规模小、风险抵御能力低；国家土地所有制下，保留着一部分国有土地如荒地、山川林泽等，这些土地所有权虽归国家，但实际上是由政府官僚负责经营管理。

中华人民共和国成立后，农村土地产权制度发生了深刻历史变革和演进，呈现出土地产权不断细化、主体多元化趋势演进。具体分为四个阶段：第一阶段是实行土地改革，变封建土地所有为农民土地个人所有；第二阶段是实行农业合作化和人民公社，由农民土地私有制演进为土地集体所有制；第三阶段是实行家庭联产承包责任制，从土地集体所有制向所有权归集体、承包经营权归农户的两权分置演进；第四阶段是实行三权分置，土地产权分置为所有权、承包权与经营权。

建立在农村土地产权制度基础上的土地确权登记制度从古至今也经历深刻变革，从清代以权力阶级利益为中心向以农民权益保障为核心的政策思路转变。古代中国土地登记制度肇始于周朝中后期，南宋时期编制"砧基簿"，明朝至清代一直沿用鱼鳞图册制度。古代土地登记制度主要是为了满足历朝历代国家为征收田赋的需要。中华人民共和国成立后，土地登记管理制度逐步法律化、规范化，土地确权登记的根本目的是要保护农民土地财产权利，促进土地安全流转交易。

（二）农村土地确权登记制度历史纵向比较的结论

为探明古今土地确权登记制度实施背景、对地权分配影响及实现效果方面的差异，本研究选取了清代"鱼鳞册"与现行农村土地承包经营权确权登记制度进行历史纵向比较，通过比较分析得出了以下结论：

1. 在实施背景上，共性之处体现在：不同时期土地登记的大致内容形式具有一致性，都通过确权登记来明确土地面积、四至、位置以及土地权利的归属，两种制度下农民都拥有土地的使用权。差异性则体现在：鱼鳞册是建立在封建土地私有制基础上的土地确权登记制度，服务于统治阶级征收赋税需要，农民租赁土地只享有使用权，且法律保障程度低；现行土地确权登记制度，建立在农地三权分置基础上，保护农民的土地财产权利、促进土地流转与规模化经营，农民同时享有土地占有权、使用权与收益权，确权颁证后的农民土地财产受到法律保护。

2. 地权分配对比发现，在"鱼鳞册"的土地登记管理过程中，土地在流转中趋于分散趋势；而现行农村土地承包经营权确权登记工作则有利于土地集中适度规模化流转和经营，对于提高土地利用效率更有利。

3. 在实施效果上，两种土地登记管理办法都起到摸清了承包土地现状、强化了承包土地日常管理与促进土地流转的作用，但现行土地确权登记制度对于摸清土地利用分布状况、提高土地利用效率与农民土地财产权利保护方面的成效更显著。

（三）古今农村土地确权登记制度地域横向比较的结论

以苏、皖、浙三地为例，对大致同一时期、不同地区土地确权情况进行了古今地域横向比较。对清代江苏常州《清厘田粮鱼鳞丘册图》、安徽休宁《均图鱼鳞册》和浙江《兰溪鱼鳞图册》比较分析发现，三地鱼鳞册均形成于土地"占田制""摊丁入亩"的赋税制度背景下，且记载的土地登记确权内容大体一致；清代苏、皖、浙地区样本都图的基尼系数值不高，说明土地集中化程度较低，但不同时期的地权分配仍存在差异；清顺治八年至乾隆年间，安徽休宁县样本都图的土地从分散逐步走向了集中；清同治年间，浙江兰溪县样本都图的土地集中化程度比顺治、康熙元年的安徽休宁县略高。

通过对苏、皖、浙地区农村土地承包经营权确权情况比较分析，得出以下结论：首先，基于农地所有权、承包权与经营权分离运行的背景下，遵循"三权分置"的土地确权逻辑；其次，不同地区间土地确权中尚存在土地权属争议引致的矛盾纠纷、历史遗留问题影响确权工作进程等共性问题；最后，三地在土地承包经营权确权登记中，结合自身地区环境特征，形成了以"确权、赋能、搞活"为主线的武进模式、"鱼鳞册"古为今用的休宁县模式、以机制创新为支撑的兰溪模式，可以为其他地区土地确权工作所借鉴。

（四）中外农村土地确权登记制度比较的结论与经验启示

从中美、中英、中日土地产权比较中，本书得出以下结论：

1. 土地产权制度共性特征：英国、中国农村土地产权制度所体现的基本目标和方向是一致的，倡导规模经营，促进农业生产发展与农村经济繁荣；中国和日本均属于人多地少国家，土地都以家庭经营为主，农民土地经营规模较小。

2. 土地产权制度差异性：中美之间土地所有权性质、土地经营主体及产权明晰程度等方面存在明显差异；中英土地权利配置存在动态与静态差异，土地确权方式存在导向差异，进而使土地配置效率存在高低之分；中日之间土地所有权性质不同，日本农户依靠市场化交易获得土地产权，我国则是通过户籍决定。

3. 从上述土地产权制度比较中得到的经验启示是：明确土地所有权主体地位，让农民拥有明晰、稳定和完整的土地产权，建立农村土地发展权制度。

4. 通过与英国、日本的土地登记制度比较发现，我国土地登记缺乏科学、系统与统一的法律体系，机构分散、规范性较差，土地登记制度尚未充分发挥保护交易安全的效力，土地登记机关未建立完善的责任机制。从上述比较中得到启示是：制定科学系统的土地登记法律体系，设立高效合理的登记机构，建立规范完善的登记程序，建立登记责任赔偿机制，引进先进的土地登记技术。

（五）农村土地承包经营权入股改革及农户入股意愿的结论

以全国第二批农村改革试验区江苏省常州市武进区为例，围绕其土地经营权入股改革试点实践的主要经验做法是：积极探索"农地股份合作社＋农副产品专业合作"的土地流转"双重合作"机制，加快"三权分置"激发土地要素活力，构建多元化股权融资平台实现"双重合作"，"三社"联动打造农业产业化经营新格局，从而实现农地"合股共赢"局面。而该区土地经营权入股改革实践探索尚存在的"入股出租化"倾向、涉农企业参与土地经营权入股的激励不足和土地经营权入股中的制度冲突等问题，将直接影响城乡一体化资源要素配置效率与农业农村现代化发展。

结合武进区典型村镇的 426 个微观农户数据样本，对农户土地经营权入股意愿与参与行为的影响因素进行了实证分析发现：（1）样本地区多数农户有土地经营权入股倾向；（2）户主年龄、家庭劳动力人数、近三年家庭人均纯收入、政策稳定性认知以及风险保障金政策有效性认知等变量，对农户土地经营权入股意愿具有显著影响；（3）户主年龄与文化程度、家庭非农化程度、土地经营权入股是否影响产权稳定性、土地评估价格是否合理、风险保障金政策有效性认知以及是否为土地经营权入股试点村等变量，对农户土地经营权入股行为具有显著影响。

（六）农村土地确权对土地经营权入股影响及效果评价的结论

借助现代产权理论、交易成本及计划行为理论等，本文从理论层面分析了土地承包经营权确权对农户土地经营权入股影响路径，在此基础上利用微观数据，实证分析了土地确权对农户土地经营权入股行为的影响，得出结论如下：

1. 土地产权安全性认知显著影响着农户土地经营权入股意愿及行

为，当农户认为土地产权未来发生调整、丢失的可能性越大，采取土地经营权入股的意愿越低。

2. 确权土地面积对农户土地经营权入股行为有正向影响，土地确权登记能够显著促进农户采取土地经营权入股方式流转。

3. 农户对土地确权的支持程度，显著影响其选择土地经营权入股意愿与行为。

为探明土地确权对土地经营权入股影响效果，本文以武进区跃进村为典型案例，从入股经营成本、收益与风险规避等方面进行了系统评价，分析认为：土地确权有利于降低土地经营权入股交易成本；土地确权下的土地经营权入股改革，有利于提升农户收益及福利水平，实现"合股共赢"与农民收益最大化。

二、研究展望

（一）农村土地三权合理分置的确权路径选择

土地确权是实现三权合理分置的法理基础。三权分置背景下，落实所有权、明晰承包权与放活经营权是本轮农村土地确权政策的核心特征，土地确权的根本目的在于通过对土地多元权利主体间进行产权合理化配置，实现土地产权对权利主体间的激励与约束，使土地要素活力得以最大限度释放。实践中，土地多元权利主体间的利益分配关系尚未理顺，一方面是所有权、承包权与经营权主体间的利益存在失衡情况，如村集体越俎代庖、土地经营者"弃耕毁约"等使农户利益受损情况屡见报端；另一方面存在集体成员代内与代际间的土地产权利益冲突问题，如婚出人口与婚入人口争地、"入赘男""挂靠户"以及"亡者有土，生者无地"等现象普遍存在。基于此，探讨农地三权合理分置的路径选择，就是要围绕如何通过土地确权来实现土地多元权利主体间利益平衡这一主题来展开讨论。

关于如何进行科学合理的土地确权以实现上述目标，目前学界尚存在争论，主要有三种主张：一是提出按照现状进行土地确权；二是按人口重新进行确权；三是在现状基础上微调后确权，其中关于土地确权模式选择也存在确权确地、确权确股不确地、虚拟确权等。土地确权路径选择是土地生产力与生产关系发展动态匹配的结果，不同的土地确权模式与路径选择，从根本上影响着土地三权主体间的利益分配，而现实情况又错综复杂，需要因时因地制宜。总体上，三权合理分置的土地确权路径选择需要符合"三个有利于"：有利于放活农村土地集体所有制下的承包经营权；有利于激活农村要素与提高农业效率；有利于充分调动农民积极性和保障农民土地权益。

（二）三权分置下土地确权的关键与保障条件

农村土地三权分置下进行土地确权颁证，其实施耗费人力、物力与财力，成本巨大且影响深远。为确保政策的有效性与可持续性，需要明确土地确权的关键着眼点，并给予相配套的法律政策手段作为保障条件。三权分置背景下，土地确权要实现一个复合目标，一是通过颁证明晰土地承包权，保护农民土地权益；二是通过土地承包经营权确权，放活土地经营权，使其可自由流转与规模化经营；三是通过确权明晰土地产权，还需要拓展农户土地承包经营权权能，应赋予农民土地抵押担保权能、经营权转让权能和集体建设用地入市权能，使农民土地价值得以充分发挥。基于上述目标可见，清晰界定土地承包权是农村土地确权政策效力发挥的核心，也是其他惠农目标达到的法理基础。而确权政策效力能够多大程度上发挥，关键是赋权。为了本轮土地确权政策的关键目标实现，还需相应的法律政策保障条件。

1. 持续跟进土地产权与确权登记制度的相关立法和释法。《土地管理法》《土地承包法》《农村土地承包经营权流转管理办法》《关于开展农村承包土地的经营权和农民住房财产权抵押贷款试点的指导意见》等相关法律法规中，应进一步明确对集体成员代内、代际间的土地产权收益与村集体土地入市收益的分配方式、准则以及农地金融机构开展农地抵押贷款业务操作等，增强实践的操作性，使农户确权的承包地权能得以实现与保障。

2. 建立区域内统一的农地流转、抵押的评估体系与担保平台。土地承包经营权流转、抵押担保权能能否顺畅实现，还依赖于完善的土地流转、抵押价格评估体系与可靠的中介平台，考虑农地流转、抵押的地域性特征显著，各地区、县一级政府应组建统一的农地产权交易中心，并依法开展相关土地流转交易与抵押融资等金融服务。

3. 完善农村土地确权操作机制和农地金融机构利益保障机制。"三权分置"的确权框架业已建立，针对农地细碎化经营现状下难以分户谈判、逐块流转实现规模经营的问题和抵押物难处置、金融机构贷款激励不足的问题，应建立相配套的激励与保障机制。

参考文献

［1］ Broegaard R J. *Land Tenure Insecurity and Inequality in Nicaragua* ［J］. Development & Change, 2005, 36（5）: 845 – 864.

［2］ 陈方南. 20 世纪 50 年代初国共两党农村土地改革政策比较研究 ［J］. 社会科学战线, 2006（2）: 139 – 144.

［3］ 陈洪波, 龙泽江. 新发现贵州清水江侗族鱼鳞册评介 ［J］. 云南民族大学学报（哲学社会科学版）, 2014, 31（04）: 103 – 108.

［4］ 陈晓华. 切实做到"三个适应、三个着力"努力开创农村经管工作新局面 ［J］. 农村经营管理, 2016（3）: 9 – 15.

［5］ 陈美华, 罗亦泳. 英国土地管理的成功经验及对中国的启示 ［J］. 南昌大学学报（人文社会科学版）, 2009, 40（2）: 99 – 103.

［6］ 陈克新. 化解土地承包经营权证更新试点十大矛盾——金湖县金北镇刘庄村的实践 ［J］. 江苏农村经济, 2014（7）: 24 – 25.

［7］ 陈汉平. 日本农村土地制度变迁及其经验 ［J］. 农业部管理干部学院学报, 2014（4）: 17 – 19.

［8］ 陈新田. 日本明治维新时期土地制度改革初探 ［J］. 赤峰学院学报（汉文哲学社会科学版）, 2005（1）: 44 – 45.

［9］ 丁玲, 钟涨宝. 农村土地承包经营权确权对土地流转的影响研究——来自湖北省土地确权的实证 ［J］. 农业现代化研究, 2017（3）: 452 – 459.

[10] 戴天放. "鱼鳞册"制度对农村土地产权的完善及促进土地流转的借鉴 [J]. 农业考古, 2008 (03): 39 -41.

[11] 丁玲, 钟涨宝. 农村土地承包经营权确权对土地流转的影响研究——来自湖北省土地确权的实证 [J]. 农业现代化研究, 2017, 38 (03): 452 -459.

[12] 窦祥铭. 中国农地产权制度改革的国际经验借鉴——以美国、日本、以色列为考察对象 [J]. 世界农业, 2012 (09): 39 -43.

[13] 杜志勇. 土地经营权入股合作社类型化研究 [J]. 黑龙江省政法管理干部学院学报, 2015 (4): 72 -75.

[14] 杜田华. 土地经营权的主要争议及法律应对 [J]. 湖北经济学院学报 (人文社会科学版), 2017, 14 (8): 90 -93.

[15] 樊树志. 中国封建土地关系发展史 [M]. 北京: 人民出版社, 1988: 365.

[16] 冯丽蓉. 明清无锡《鱼鳞图册》简介 [J]. 史林, 1994 (04): 84 -86.

[17] 傅晨. 俄罗斯农地制度改革及其对我国的启示 [J]. 学术研究, 2006 (01): 47 -52, 147.

[18] 付江涛. 新一轮承包地确权、流转及其投资利用研究 [D]. 南京: 南京农业大学, 2016.

[19] 高强, 孔祥智. 日本农地制度改革背景、进程及手段的述评 [J]. 现代日本经济, 2013 (02): 81 -93.

[20] 郭雪剑. 中国古代土地制度演变的特点和规律 [J]. 学习与探索, 2016 (01): 117 -120.

[21] 郭晓鸣. 中国农村土地制度改革: 需求、困境与发展态势 [J]. 中国农村经济, 2011 (4): 4 -8.

[22] 郭红东. 日本扩大农地经营规模政策的演变及对我国的启示 [J]. 中国农村经济, 2003 (8): 73 -78.

［23］高强，孔祥智．日本农地制度改革背景、进程及手段的述评［J］．现代日本经济，2013（2）：81-93．

［24］Holden S T, Deininger K, Ghebru H H. *Impact of land certification on land rental market participation in Tigray region, Northern Ethiopia* ［J］. Ssrn Electronic Journal, 2007（5211）.

［25］韩俊，张云华，王宾等．破解三农难题：30年农村改革与发展［M］．北京：中国发展出版社，2008．

［26］韩重香．农村土地确权中的问题与解决对策［J］．管理观察，2015（28）：160-161．

［27］洪东海，周阿蓉．中国古代土地制度的现代启示［J］．商场现代化，2011（18）：153-154．

［28］胡铁球，李义敏，张涌泉．婺州鱼鳞图册的遗存与研究价值［J］．浙江社会科学，2016（04）：117-126，159．

［29］胡晓涛．农村土地承包经营权确权登记面临的困境与对策［J］．南都学坛，2014，34（06）：86-88．

［30］胡燕．农村产权制度改革中村规民约的效力与适用——以成都某村土地确权中的流转收益分配约定为例［J］．农村经济，2009（5）：30-33．

［31］胡英泽．清代山、陕黄河滩地鱼鳞册研究［J］．中国经济史研究，2010（04）：37-49．

［32］胡英泽．营田庄黄河滩地鱼鳞册及相关的册浅析——一个生态史的视角［J］．中国史研究，2007（01）：151-172．

［33］胡胜国．国外土地登记制度的比较与借鉴［J］．资源与产业，2011（s1）：101-105．

［34］Jin S, Deininger K. *Land rental markets in the process of rural structural transformation: Productivity and equity impacts from China* ［J］. Journal of Comparative Economics, 2009, 37（4）：629-646．

[35] 贾雪池,吴次芳.转型时期中俄农地产权制度变迁的比较研究 [J].农业经济问题,2008 (01):48-53.

[36] 黎霆,赵阳,辛贤.当前农地流转的基本特征及影响因素分析 [J].中国农村经济,2009 (10):4-11.

[37] 乐章.农民土地流转意愿及解释——基于十省份千户农民调查数据的实证分析 [J].农业经济问题,2010,31 (2):64-70.

[38] 李竹转.美国农地制度对我国农地制度改革的启示 [J].生产力研究,2003 (02):181-182.

[39] 刘伯恩.完善农村集体土地所有权确权的基本思路 [D].北京:中国政法大学,2006.

[40] 刘长猛.农村土地确权意义与作用探讨 [J].河南农业,2017 (28):12.

[41] 刘照媛,冯双生,张文君,张丽贞.我国农村土地承包经营权确权存在的问题及对策 [J].农村经济与科技,2015,26 (05):26-28.

[42] 刘一明,罗必良,郑燕丽.产权认知、行为能力与农地流转签约行为——基于全国890个农户的抽样调查 [J].华中农业大学学报(社会科学版),2013 (5):23-28.

[43] 刘婧娟.土地登记制度比较研究 [J].经济研究导刊,2011 (7):170-172.

[44] 陆剑,陈振涛.我国农村土地承包经营权确权:规则模糊及其厘清 [J].南京农业大学学报(社会科学版),2017 (03):95-102,158.

[45] 栾成显.徽州府祁门县龙凤经理鱼鳞册考 [J].中国史研究,1994 (02):97-112.

[46] 罗必良,胡新艳.中国农业经营制度:挑战、转型与创新——长江学者、华南农业大学博士生导师罗必良教授访谈 [J].社会科学

家，2015（5）：3-7.

[47] 罗必良，李尚蒲. 农地流转的交易费用：威廉姆森分析范式及广东的证据 [J]. 农业经济问题，2010（12）：30-40.

[48] 吕景琳，郭松义. 中国封建社会经济史第4卷 [M]，济南：齐鲁书社，1996：147.

[49] 马贤磊. 现阶段农地产权制度对农户土壤保护性投资影响的实证分析——以丘陵地区水稻生产为例 [J]. 中国农村经济，2009（10）：31-41.

[50] 钱龙，洪名勇. 农地产权是"有意的制度模糊"吗——兼论土地确权的路径选择 [J]. 经济学家，2015（08）：24-29.

[51] 钱忠好. 农地承包经营权市场流转：理论与实证分析——基于农户层面的经济分析 [J]. 经济研究，2003（2）：83-91.

[52] 仇童伟. 农地产权、要素配置与家庭农业收入 [J]. 华南农业大学学报（社会科学版），2017，16（4）：11-24.

[53] Saint - Macary C., Keil A., Zeller M., Heidhuse F. & Dung P. T. M. *Land titling policy and soil conservation in the northern uplands of Vietnam* [J]. Land Use Policy, 2010, 27（2）：617-627.

[54] 尚平. 南宋砧基簿与鱼鳞图册的关系 [J]. 史学月刊，2007（6）：29-33.

[55] 宋才发. 农村集体土地确权登记颁证的法治问题探讨 [J]. 中南民族大学学报（人文社会科学版），2017，37（01）：100-105.

[56] 宋辉，钟涨宝. 基于农户行为的农地流转实证研究——以湖北省襄阳市312户农户为例 [J]. 资源科学，2013，35（5）：943-949.

[57] 宋庶民. 农村土地确权登记及流转过程存在的问题及对策建议——以吉林省松原市为例 [J]. 吉林金融研究，2015（04）：60-63.

[58] 唐文基. 明代赋役制度史 [M]. 北京：中国社会科学出版社，1991：12.

[59] 滕卫双. 国外农村土地确权改革经验比较研究 [J]. 世界农业, 2014 (05): 64 - 67 + 90.

[60] 万淮北. 中国古代土地制度演变浅析 [J]. 辽宁教育行政学院学报, 2010, 27 (01): 27 - 29.

[61] 韦加庆. 国外土地制度变革对我国的启示 [J]. 河北农业科学, 2010, 14 (6): 129 - 132.

[62] 魏双, 张明久闻. 论日本不动产登记制度对我国的启示 [J]. 经济研究导刊, 2015 (11): 309 - 311.

[63] 汪庆元. 20 世纪以来鱼鳞图册研究述评 [J]. 古今农业, 2014 (02): 106 - 113.

[64] 汪庆元. 从鱼鳞图册看徽商故里的土地占有——以歙县《顺治十年丈量鱼鳞清册》为中心 [J]. 江淮论坛, 2010 (03): 25 - 35.

[65] 汪庆元. 清初徽州的"均图"鱼鳞册研究 [J]. 清史研究, 2009, 73 (02): 48 - 63.

[66] 汪庆元. 清初黟县鱼鳞册所见乡村社会的土地租佃关系 [J]. 古今农业, 2011 (04): 52 - 60.

[67] 汪先平. 当代日本农村土地制度变迁及其启示 [J]. 中国农村经济, 2008 (10): 74 - 80.

[68] 王国键, 陈慧贞. 中国农村土地管理制度的历史标本——安徽省休宁县档案馆藏鱼鳞图册等历史档案介绍 [J]. 档案, 2001 (04): 26 - 27.

[69] 王琦. 中国古代土地所有制演进的逻辑及其当代启示 [J]. 上海财经大学学报, 2010, 12 (04): 11 - 18.

[70] 王环. 从新农村建设的角度看美国农地产权制度 [J]. 农业经济, 2007 (7): 6 - 8.

[71] 王苏彬. 中日农村土地制度改革比较研究 [J]. 中国土地, 2009 (05): 54 - 56.

[72] 王乐君，禤燕庆，康志华．探索土地经营权入股实现小农户与现代农业手拉手 [J]．农村工作通讯，2018 (13)：27 - 30.

[73] 王晓颖．英国土地制度变迁史及对我国的启示 [J]．经济体制改革，2013 (1)：152 - 155.

[74] 王亚楠，纪月清，徐志刚．有偿 VS 无偿：产权风险下农地附加价值与农户转包方式选择 [J]．管理世界，2015 (11)：87 - 94.

[75] 吴越，吴义茂．农地赋权及其土地承包经营权入股范式 [J]．改革，2011 (2)：104 - 111.

[76] 武林芳，高建中．土地承包经营权入股农民专业合作社的影响因素分析——基于陕西省 190 个农户的调研数据 [J]．新疆农垦经济，2011 (1)：16 - 19.

[77] 韦庆远．明代黄册制度 [M]．北京：中华书局，1961：74.

[78] 晓叶．农村土地产权制度改革难在哪里 [J]．中国土地，2014 (11)：1.

[79] 谢俊奇．加快土地确权登记颁证切实保护土地权益 [N]．人民政协报，2015 - 07 - 02 (003)．

[80] 谢素艳．农村土地承包经营权确权工作探讨——以大连市为例 [J]．农业经济，2016 (06)：98 - 100.

[81] 徐勇，项继权．确权：文明与和谐的基础 [J]．华中师范大学学报 (人文社会科学版)，2010 (3)：5 - 7.

[82] 肖娥芳，祁春节．农地制度变迁、政策支持及美国家庭农场发展 [J]．世界农业，2015 (12)：102 - 107.

[83] 薛红霞．中国农村土地资产化机制研究 [D]．武汉：武汉理工大学，2012.

[84] 熊玉梅．中国不动产登记制度变迁研究 (1949 - 2014) [D]．华东政法大学，2014.

[85] 严冰．土地确权 [J]．经济体制改革，2010 (3)：99 - 102.

［86］杨明杏，董慧丽，夏志强．对农村土地承包经营权确权颁证的思考［J］．政策，2013（10）：53-54.

［87］杨柳．土地确权对农户土地流转意愿的影响研究——以湖北随县为例［D］．武汉：华中农业大学，2016.

［88］杨鑫．国外土地登记制度的比较考察及对我国的借鉴［J］．北京农业，2016（6）．

［89］叶剑平，丰雷，蒋妍等．2008年中国农村土地使用权调查研究——17省份调查结果及政策建议［J］．管理世界，2010（1）：64-72.

［90］叶剑平，蒋妍，罗伊等．2005年中国农村土地使用权调查研究——17省调查结果及政策建议［J］．农业经济导刊，2006（11）：83-92.

［91］余靖华．中国古代地籍管理考析与启示［J］．华中农业大学学报（社会科学版），2003（01）：87-89+92.

［92］俞海，黄季焜，Scott Rozelle等．地权稳定性、土地流转与农地资源持续利用［J］．经济研究，2003（9）：82-91.

［93］Zhou Y, Chand S. *Regression and matching estimates of the effects of the land certification program on rural household income in China* ［J］. Academic Journal of Interdisciplinary Studies, 2013, 2（8）：350-359.

［94］张海丰．传统中国土地制度变迁：私有产权的演进历程［J］．当代经济，2014（09）：4-6.

［95］张换兆，王家庭，王淑莉．美国农地管理制度及其主体变迁的经验考察与借鉴［J］．学术论坛，2008（06）：132-136.

［96］张娟，张笑寒．农村土地承包经营权登记对土地流转的影响［J］．财经科学，2005（12）：48-51.

［97］张兰，冯淑怡，曲福田．农地流转区域差异及其成因分析——以江苏省为例［J］．中国土地科学，2014，28（5）：73-80.

［98］张理恒，綦磊，李姗蔚．土地承包经营权入股机制研究

［J］．农村经济，2014（11）：26－30．

　　［99］张忠明，钱文荣．不同兼业程度下的农户土地流转意愿研究——基于浙江的调查与实证［J］．农业经济问题，2014，35（3）：19－24．

　　［100］张笑寒．农户土地入股决策行为及其区域差异——基于江苏省的农户调查［J］．中国土地科学，2008，22（4）：67－72．

　　［101］章有义．康熙初年江苏长洲三册鱼鳞簿所见［J］．中国经济史研究，1988（04）：89－95．

　　［102］赵冈．简论鱼鳞图册［J］．中国农史，2001（01）：35－44．

　　［103］赵冈．鱼鳞图册研究［M］．合肥：黄山书社，2010：4．

　　［104］赵丽丽．比较法视角下土地登记问题研究［D］．乌鲁木齐：新疆师范大学，2012．

　　［105］郑建华．土地确权与农地流转互动机制初探［J］．农村经济，2009（8）：23－26．

　　［106］郑学檬．中国赋役制度史［M］．上海：上海人民出版社，2000：501．

　　［107］钟太洋，葛吉琦．用途与权属并重——集体土地所有权登记中土地用途登记探讨［J］．中国土地，2002（07）：27－28．

　　［108］钟文晶，罗必良．禀赋效应、产权强度与农地流转抑制——基于广东省的实证分析［J］．农业经济问题，2013（3）：6－16，110．

　　［109］周积明．"鱼鳞图册"始于何时［J］．江汉论坛，1982（10）：78．

附　录

农村土地承包经营权确权及入股情况调查

（村级问卷）

您好！

我们正在进行江苏理工学院商学院研究课题调查，希望能够了解您所在地区农村土地确权登记颁证情况，您的回答将为推进新一轮农地产权制度改革提供重要参考。调查信息自愿提供，数据结果仅用于学术研究，请您放心，我们会为您严格保密。衷心感谢您的合作！

省		县（区）		乡（镇）		村	
调查日期		年		月		日	
填表人姓名		职务			联系电话		

一、村级基本情况

1. 贵村土地总面积_____亩，共_____户。第二轮承包时耕地面积_____亩，实际测量_____亩。减少（或增加）的原因是_____。

2. 贵村农民盖房占用的耕地面积_____亩，合法批准的有_____亩。

3. 贵村人均收入水平_____万元/年，村集体收入_____万元/年。

二、村级土地确权情况

1. 农用地确权时间：_____年，确权面积_____亩，计划完成时间_____年。

2. 贵村采取的确权方式是：

①确权确地；②确权确股不确地；③其他_____（请注明）。

如选②，则确权确股不确地的运行方式是：_____

3. 对于确权确股不确地的农民，是否发放集体收益分配权证？

①是；②否。原因：_____。

4. 农民乐意接受的确权方式是：

①确权确地；②确权确股不确地。原因是_____

5. 对于土地确权，贵村是否组织了人员培训？

①是；②否。共组织_____次培训，_____人参加。

6. 对于反对土地确权的农民，村集体如何处理？

_____

_____

7. 您认为农用地确权存在的问题有哪些？应如何解决？

_____

_____

8. 贵村在"土地承包经营权确权"实施过程中是否存在困难？如果有，主要是哪些方面？

_____

_____

9. 贵村在土地承包经营权确权过程中，共发生了_____起土地纠纷，妥善处理了_____起。

产生土地确权矛盾纠纷主要原因有哪些？

_____

_____

10. 村集体及村民小组针对上述土地纠纷，采取了哪些措施处理？

_____

_____

三、村级土地承包经营权入股情况

1. 全村土地承包经营权入股农地股份合作社的农户有_____户，总入股面积有_____亩，开始入股时间为_____年，期限_____亩。

2. 村里土地承包经营权入股收益分配方式？

A. 固定租金（_____元/亩）

B. 保底+分红（保底：_____元/亩；分红：_____元/亩）

C. 固定+浮动（固定：_____元/亩；浮动：_____元/亩）

D. 其他方式（说明：_____）

3. 村级农地股份合作社是否将土地经营权入股？

A. 是（合约达成时间：_____年，入股期限：_____年，入股面积：_____亩，入股折价：_____股/元；入股到：1＝农副产品专业合作社；2＝农业企业，村农地股份合作社在二次入股中的持股比例是_____%）

B. 否（请继续回答第4题）

4. 作为村级代表，您认为土地经营权入股企业模式有哪些好处和问题？

_____

_____

5. 作为村民代表，认为村民是否愿意采取土地经营权入股企业模式？为什么？

_____

_____

问卷编号：_____

农村土地承包经营权确权及入股情况调查

（农户问卷）

您好！

我们正在进行江苏理工学院商学院研究课题调查，希望能够了解您所在地区农村土地经营权入股情况，您的回答将为推进新一轮农地产权制度改革提供重要参考。调查信息自愿提供，数据结果仅用于学术研究，请您放心，我们会为您严格保密。请您在每题合适的选项上打对号"√"，衷心感谢您的合作！

江苏省	县（区）	乡（镇）	村
调查日期	年	月	日

一、户主基本特征

1. 户主性别：A. 男性　B. 女性

2. 户主年龄：_____周岁

3. 户主职业：A. 国家机关、党群组织、企事业单位负责人

B. 专业技术人员　　　　C. 军人

D. 商业服务业人员　　　E. 一般工作人员

F. 农业生产人员　　　　G. 其他

4. 户主文化程度：

A. 小学及以下　　B. 初中　　C. 高中　　D. 大专以上

5. 户主是否接受过技术培训？A. 是（_____次/年）　　　B. 否

222

6. 户主是否担任过镇或村干部？　A. 是　　　　　B. 否

二、家庭基本特征

1. 您家共有：_____人，其中：家庭劳动力人数（女：16 岁～55 岁；男：16 岁～60 岁）：_____人。

2. 您家目前经营的主要行业是？

A. 纯农业　　　　　　　　B. 农业为主兼营其他

C. 非农业为主兼营农业　　D. 非农业

3. 家庭成员的健康状况如何？

A. 差　　　　B. 较差　　　　C. 良好　　　　D. 健康

4. 您家参加保险的投保总金额_____元/年，总共购买了____种保险产品，分别是哪些？（可多选）

A. 养老保险　　B. 医疗保险　　C. 失业保险　　D. 工伤保险

E. 生育保险　　F. 农业保险　　G. 财产保险　　H. 信用保险

I. 其他_____

5. 近三年家庭人均纯收入大约为：

A. 0 元～5000 元　　　　　　B. 5001 元～20000 元

C. 20001 元～40000 元　　　　D. 40001 元～60000 元

E. 60000 以上

6. 近三年家庭人均支出大约为：

A. 0 元～5000 元　　　　　　B. 5001 元～15000 元

C. 15001 元～30000 元　　　　D. 30001 元～45000 元

E. 45000 以上

三、土地经营与流转情况

1. 您家目前经营农地总面积_____亩，其中耕地面积_____亩，耕地共分_____块。

2. 您家在土地种植经营中主要使用哪种肥料？

A. 商品有机肥　　B. 农家肥　　C. 都不用　　D. 混合使用

3. 您家在土地种植经营中是否采用测土配方施肥技术?

A. 是　　　　　　　　　　B. 否

4. 您家是否经营养殖业?

A. 是　　　　　　　　　　B. 否

5. 您家地块灌溉条件如何?

A. 可灌溉　　　　　　　　B. 不可灌溉

6. 你家地块质量如何?

A. 高等质量　　　　　B. 中等质量　　　　　C. 低等质量

7. 您家是否有过土地流转情况?

A. 转入　　　B. 转出(跳至第 9 题)　　　　　C. 没有

8. (1) 您转入土地的租金支付方式?

A. 一次性支付

B. 每年前一年支付一次

C. 每年后一年支付一次

(2) 您家转入土地的方式是?

A. 租赁　　B. 转让　　C. 代耕代种　　D. 入股

E. 互换　　F. 转包

(3) 土地经营中有机肥施用量_____(斤/亩),农业总投入量_____元/亩,土地经营收益_____元/亩。

9. (1) 您家土地主要流转给了谁?

A. 同村普通农户　　B. 外村农户　　C. 家庭农场

D. 专业合作社　　E. 专业大户　　F. 涉农企业

G. 其他_____

(2) 您家转出土地的方式是?

A. 租赁　B. 转让　C. 代耕代种　D. 入股　E. 互换　F. 转包

10. 您所在村土地流转合同是否规范?

A. 是　　　　　　　　　　B. 否

11. 您认为土地市场价格是否会发生持续变动？

A. 是　　　　　　　　　B. 否

四、土地经营权入股倾向

1. 您是否了解土地股份合作制的经营模式？

A. 是　　　　　　　　　B. 否

2. 您是否愿意进行土地经营权入股？

A. 是　　　　　　　　　B. 否

3. 您是否已经将自己的土地经营权进行了入股？

A. 是　　　　　　　　　B. 否

4. 您认为您所在村土地折价入股的评估价格是否合理？

A. 是　　　　　　　　　B. 否

5. 您认为土地经营权入股是否会影响您的土地产权稳定性？

A. 是　　　　　　　　　B. 否

6. 您是否担心土地经营权入股后土地质量会下降？

A. 是　　　　　　　　　B. 否

7. 您认为土地经营权入股是否能够获得稳定的预期收益？

A. 是　　　　　　　　　B. 否

8. 您认为风险保障金政策是否能够有效防范土地经营权入股的风险？

A. 是　　　　　　　　　B. 否

9. 您认为土地经营权入股政策是否具有持续稳定性？

A. 是　　　　　　　　　B. 否

10. 如果土地入股经营不善，您是否能够承受入股所带来的风险？

A. 是　　　　　　　　　B. 否

11. 您认为哪种土地经营权入股分配方式更合理？

A. 固定租金　　B. 保底 + 分红　　C. 按持股比例分红

D. 一次性付清租金

E. 其他（请说明：_____）

12. 如果选择土地经营权入股，您更倾向于将土地入股到哪个组织？

A. 村集体农地股份合作社

B. 农民专业合作社

C. 有限责任公司（涉农企业）

D. 其他（请说明：_____）

五、土地确权的影响及评价

1. 您家是否进行了土地确权？

A. 是（确权土地面积_____亩）　　　　B. 否

2. 您是否支持对此次土地确权颁证工作？

A. 很不支持　　　　B. 不太支持　　　C. 中立

D. 比较支持　　　　E. 很支持

3. 您认为是否有必要了解土地确权政策？

A. 根本没有必要　　　B. 可有可无

C. 有必要　　　　　　D. 非常有必要

4. 您认为当前土地确权政策的实施效果如何？

A. 很不好　　　　B. 不太　　　　　C. 一般

D. 比较好　　　　E. 很好

5. 您认为确权后土地是否还会调整？

A. 会调整　　　　　　B. 不会调整

6. 您是否担心会失去确权土地？

A. 可能失去土地　　　B. 不可能失去土地

后 记

2016 年，常州市委农工办、常州市档案局（馆）合作开展的农村土地承包经营权确权登记颁证试点工作顺利推进。2017 年初为发挥史料知古鉴今、资政育人之价值，常州市档案馆就其馆藏的《清厘田粮鱼鳞丘册》，与常州市委农工办协商，共同组织开展"鱼鳞丘册与农村土地确权登记比较研究"项目，经公开招标最终由本课题组中标，重点开展土地确权登记颁证制度的古今比较研究。

常州市档案馆现藏《清厘田粮鱼鳞丘册》是古代《鱼鳞图册》的一种，由清同治五年（1866）武进县土地管理部门编纂，用于摸清地权、征收赋税等。为全面比较古今农村土地确权登记制度演变中的共性与差异，课题组在对《清厘田粮鱼鳞丘册》时代农村土地确权制度梳理研究基础上，又选取了大致同一时期《鱼鳞图册》史料保存较为完好的安徽省休宁县、浙江省兰溪市，展开历史纵向、地域横向农村土地确权登记制度比较研究。

为进一步提升课题研究理论与实践价值，基于江苏省社会科学基金项目（17EYD002），课题组在对苏、皖、浙三省样本地区进行古今农村土地确权登记制度比较研究基础上，选取了美、英、日等具有代表性国家进行中外土地确权登记制度全面比较，同时立足于当前农村土地承包经营权确权颁证工作的经验做法、现实问题及其后续影响等展开创新与应用研究。

227

　　本著作从理论框架构思到书稿完成历时两年时间，期间对多个省份地区相关单位、部门与村庄展开了实地调研，结合档案史料与一手调查资料、数据进行著作内容撰写。并邀请了相关领域专家、常州市委农工办（现常州市农业农村局）、常州市档案馆及常州市武进区委农工办等部门相关领导、负责人就书稿内容进行多次进行研讨与修改完善。

　　值此著作出版之际，特别感谢南京农业大学经济管理学院纪月清教授为本书作序。同时，由衷感谢时任常州市委农工办主任陈荣平、副主任陶亚仁，常州市档案馆副馆长张步东，时任常州市武进区委农工办主任夷建良、副主任姚志平等同志对本课题研究提供的详尽资料、宝贵意见与建议。感谢安徽省黄山市农业局、休宁县农业局、浙江省兰溪市农业局、兰溪市财政局等单位及相关负责人，在本课题调研过程中给予了热情帮助与支持。最后，感谢团队成员王志华教授、黄晓琼老师辛勤付出与通力合作，以及出版社编辑老师的认真审阅与反复校对，使本书增色不少。

　　路漫漫其修远兮，土地是养育世世代代炎黄子孙的宝藏；农村土地制度改革，更是值得持续关注与深入研究的重要议题。由于时间和水平有限，笔者对农村土地问题研究尚在起点，敬请专家学者和广大读者批评指正。我们将持续关注农村土地改革动向，为中国美丽乡村之振兴携手砥砺前行！